欽定西清硯譜

宋楊時金星歙石硯

宋陸游素心硯 御蘭芬

宋吳儆井田硯

宋文天祥玉帶生硯 養性殿

宋鄭思肖端石硯

欽定西清硯譜

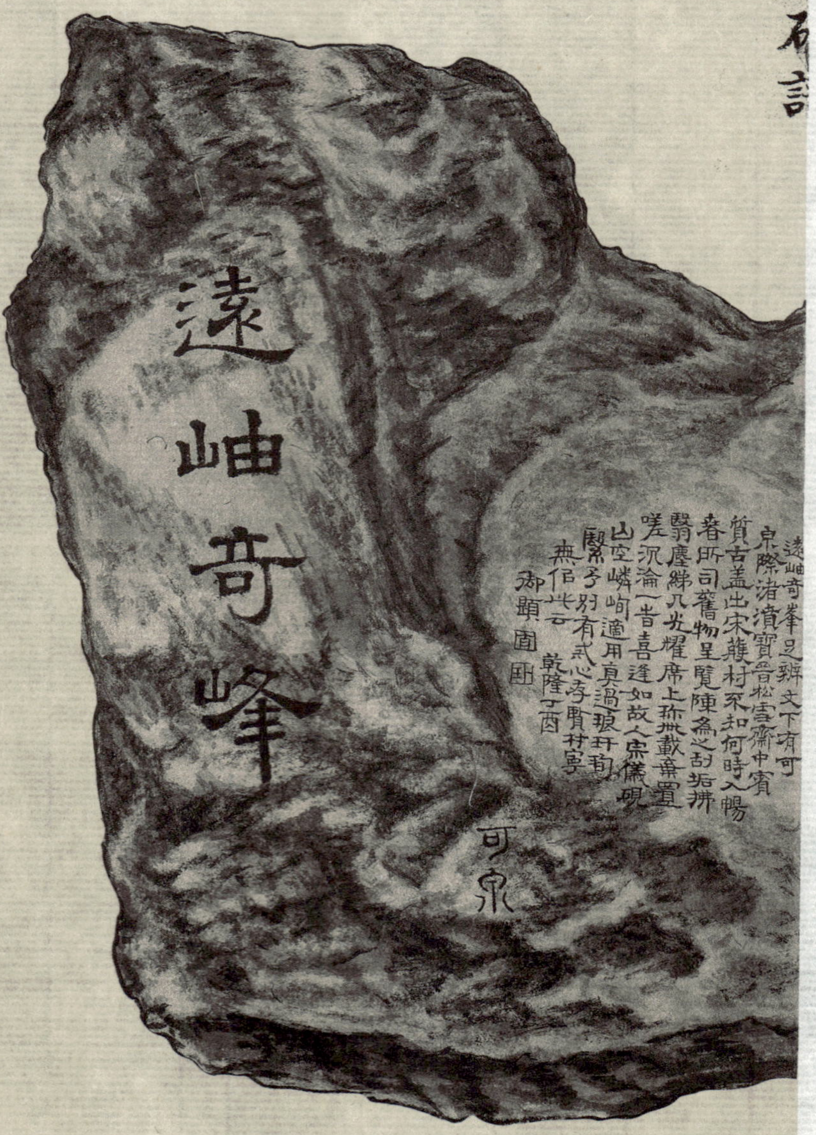
遠岫奇峯
遠岫奇峯足辨文下有可
泉際渚濆寶晉松雪齋中賓
質古蓋出宋蘇村不知何時入暢
春所司舊物呈覽陳爲之刮垢拂
翳塵緋几光耀席上琛册載棄置
嗟沉淪一旹喜逢如故人宋儀硯
山空嶙峋適用真過琅玕珣
緊予別有式心寺貫村亭
無伯些云 乾隆丁酉
御題 圖圖
可泉

米芾

宋米芾遠岫奇峯硯說

硯高五寸寬七寸厚一寸二分宋坑䕶村石色黄而黝質理堅緻天然兩峯賔主拱揖而左峯特聳秀右峯下平微凹為受墨處峯腰大小岩竇五為硯池有洩雲決雨之勢峯頂鐫篆書天然二字左峯峭壁上刻遠岫奇峰隸書四字峰右坡陁刻行草子昂藏三字峰脚直插水穴穴上有篆書可泉二字兩峯間平處鐫

御題七言古詩一首鈐寶二曰幾暇怡情曰得佳趣蓋

面左鐫

御題七言律詩一首鈐寶二曰乾隆右鐫

御題七言絕句詩一首鈐寶一曰太璞俱隸書

御製再題米芾遠岫奇峯硯

不惟弄米兼珍趙（背刻寶晉齋米芾傍刻子昂藏字）自是宜詩更入圖

綈几似非存所樂偷閒撫帖少工夫

御製再題米芾遠岫奇峯硯

遠岫奇峯米老貽秀王孫宅亦藏之（硯面下方之右鐫子昂藏三字孟頫秀王後也）宋元明即一瞬閱紙墨筆斯四友宜豎寓靜而橫寓動（此硯豎視之儼然畫幅而不可用橫置乃堪磨墨故以此分動靜也）詩為詠更畫為垂（既再為題詠鐫之硯並用夾紙片圖其兩面形製同貯匣中以便觀覽）設如定武臨真

本此寶崇山峻嶺校

宋米芾蘭亭硯背面圖

物殊顯晦各有時晦藏顯
出誰使其穆肰宋硯古色
披猶是老坑出端溪蘭亭
圖畫前序辭精鎸四面筆
洛奇宣和紹興璽識遺後
有米芾小印施或即顛翁
手所為山莊散置今見之
是識寶也適珣琪康熙舊
冊還可稽綈几曾用供
臨池弗褻彝鼎惟應斯崇
文並與示儉垂生敬生愧
心自知
乾隆丙申秋御題

一世或取諸懷抱悟言一室之内
或因寄所託放浪形骸之外雖
趣舍萬殊静躁不同當其欣
於所遇暫得於已快然自足不
知老之將至及其所之既惓情
隨事遷感慨係之矣向之所
欣俛仰之閒以為陳迹猶不能
不以之興懷況脩短隨化終
期於盡古人云死生亦大矣豈
不痛哉每攬昔人興感之由
若合一契未嘗不臨文嗟悼不
能喻之於懷固知一死生為虛
誕齊彭殤為妄作後之視今

第九

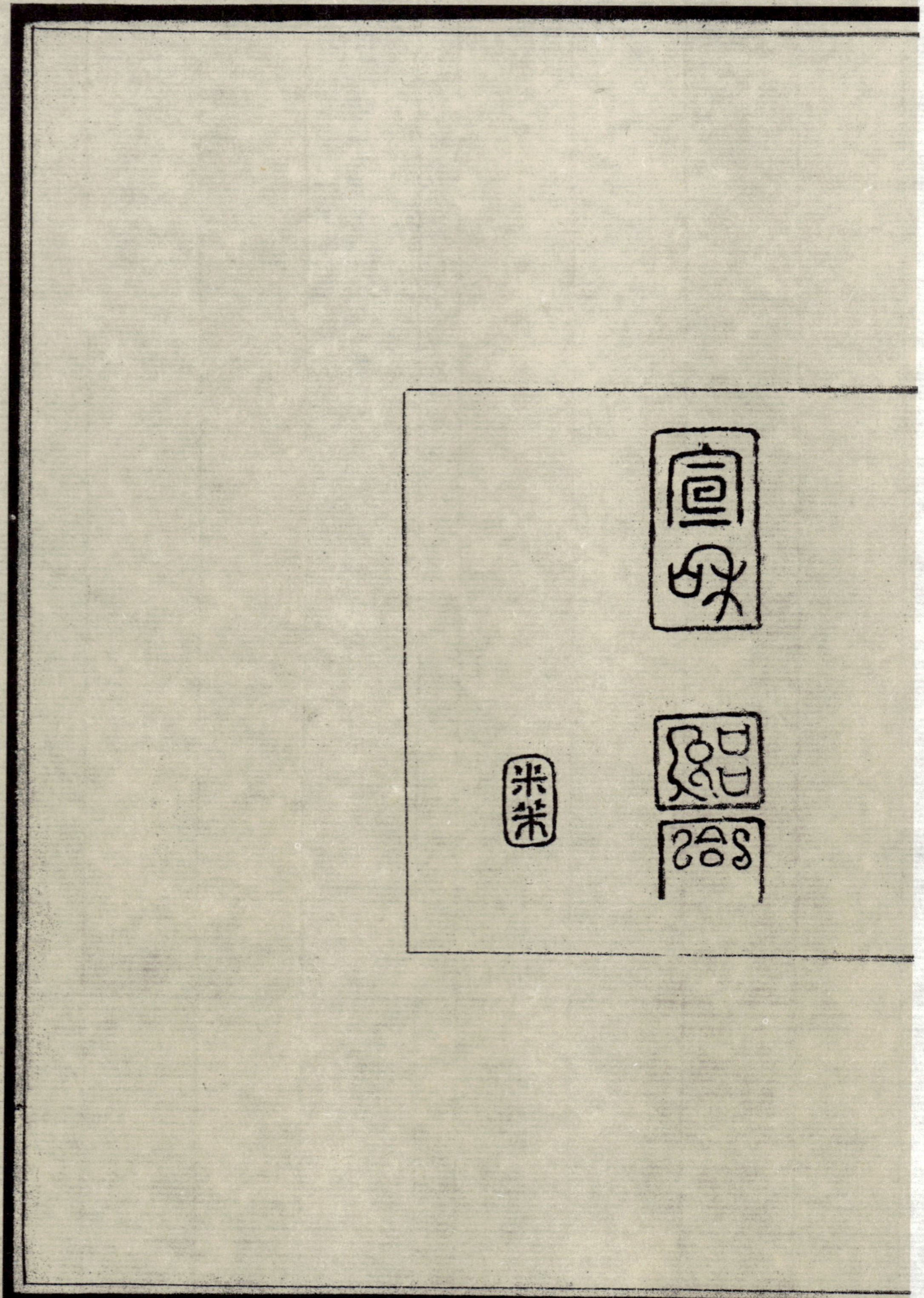
宣和
米芾

御題田百田詩一首隸書鈐寶二曰比德曰朗潤是硯
石質既美周刻、布景行筆俱極古穆所鐫縮本褉
序、点圓勁有骨疑即芾、所自製且經宣和紹興兩
朝鑒賞真文房瑰寶也
本朝
聖祖仁皇帝時硯貯熱河
避暑山莊
幾暇臨池曾供

申甫詩各一首是歳諸臣俱扈從熱河奉

勑恭賦

〇〇〇臣于敏中詩　端溪舊斵紫腴鮮陶淬流傳七

百年

寶露研曾沾

手澤墨雲溺足助言泉蘭亭左右圖兼序芝篆方圓紹

次宣海嶽至今陳迹顯

山莊銘就佐

文筵

臣梁國治詩　盈尺端溪潤千春古墨香生雲

睿情懷
手澤題識更如何
臣嵇貴詩 紫英寶氣不教淪拂拭
天題與勒珉已沐
雲莊
仙藻潤更承
文露墨池新流觴略倣山陰勝拜石曾傳海嶽珍片
玉祇應歸

軍蹟曾載米家船拂拭形彌古研磨性本堅

山莊留法物

珎賞紀瑤編

宋米芾螽斯瓜瓞硯背面圖

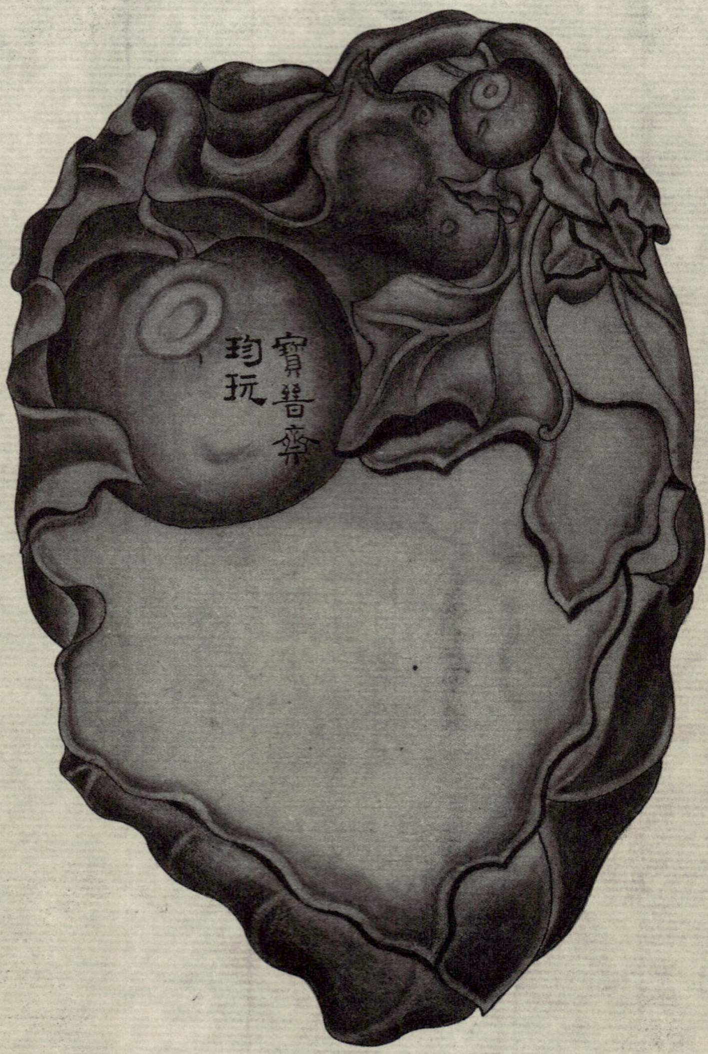

方大瓜上鐫寶晉齋珎玩五字隸書是硯制作精
巧曾經宋賢染翰洵足珎賞匣蓋鐫
御題詩與硯同隸書鈐寶二曰幾暇怡情曰得佳趣

宋中岳外史端石硯背面圖

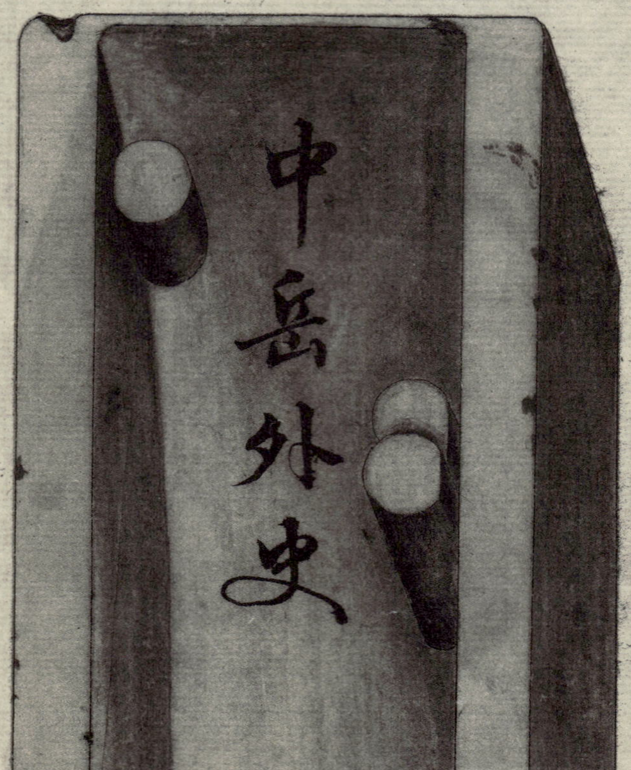

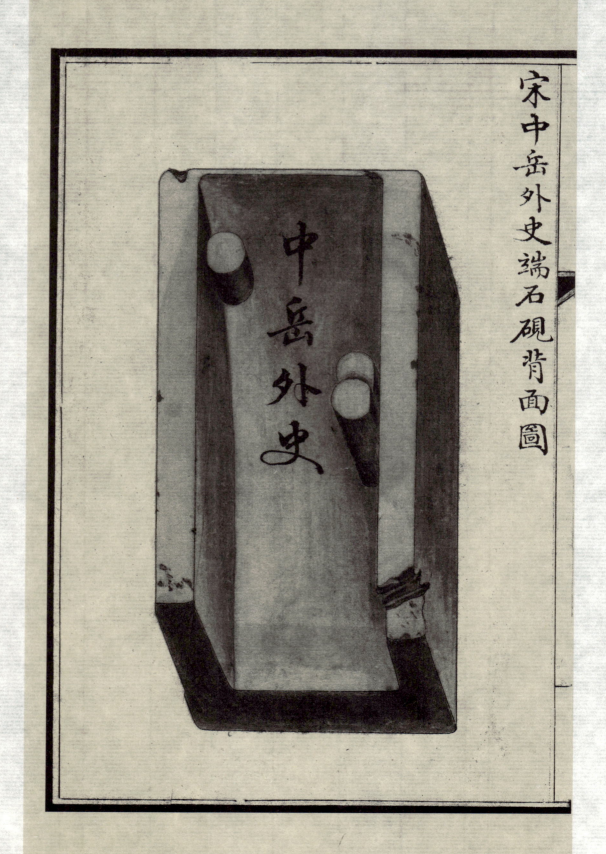

宋中岳外史端石硯說

硯高四寸五分寬二寸七分厚一寸六分宋坑上巖石褐色間以黃斑如雀腦古質斑駁上方側鐫
御題詩一首[隸書]鈐寶一曰會心不遠圓蓋並鐫是詩俱隸書鈐寶二曰幾暇怡情曰得佳趣左跗刓缺覆手刻三柱無眼中鐫中岳外史四字行書考宋史米芾嘗知雍邱縣雍邱今杞縣
內府所藏三希堂法帖中載有芾拜中岳命作詩帖

宋薛紹彭蘭亭硯背面圖

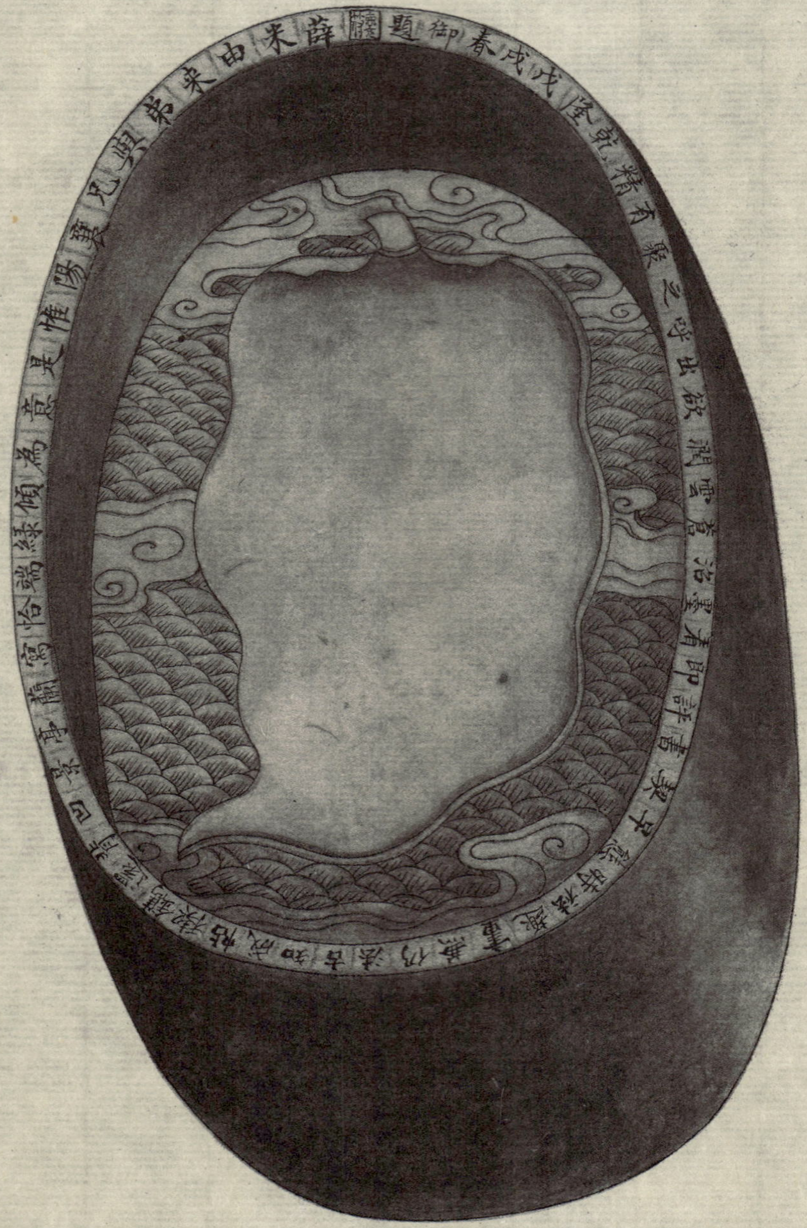

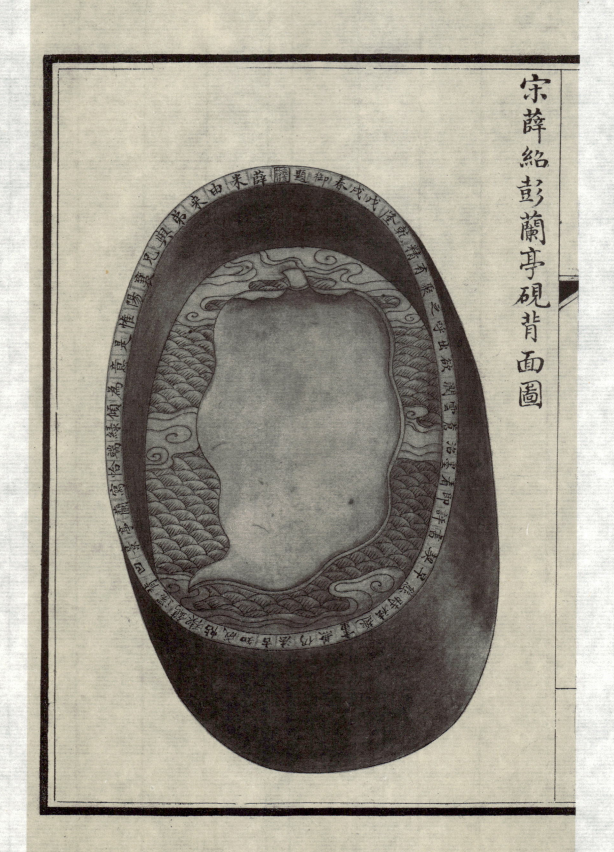

宋薛紹彭蘭亭硯説

硯高八寸九分寬六寸三分厚二寸七分橢圓式宋端溪緑石為之通體周刻蘭亭禊飲景硯面左上方為亭翼然飛檐重閣下臨池磵為墨池池中有浮鵞二右方為小亭一池上跨橋二下方平處微窪為受墨處雀斑窓灑如潄金周圍雲峯草樹掩映生動側面雜刻山水竹樹四十二賢行立坐卧意態閒曠與宋緑端石蘭亭硯同工而彼淺雕

或薛米猶言弟兄與兄弟葢言與紹彭以書畫情好相同也是硯覆手所刻楷法古勁葢即紹彭自書鑒藏者朱欣無考當亦流傳收藏之家所署

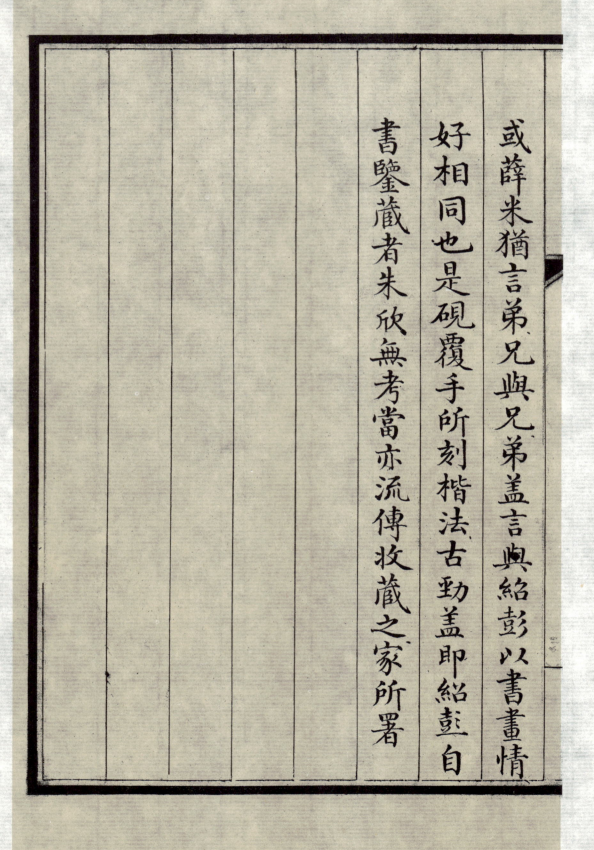

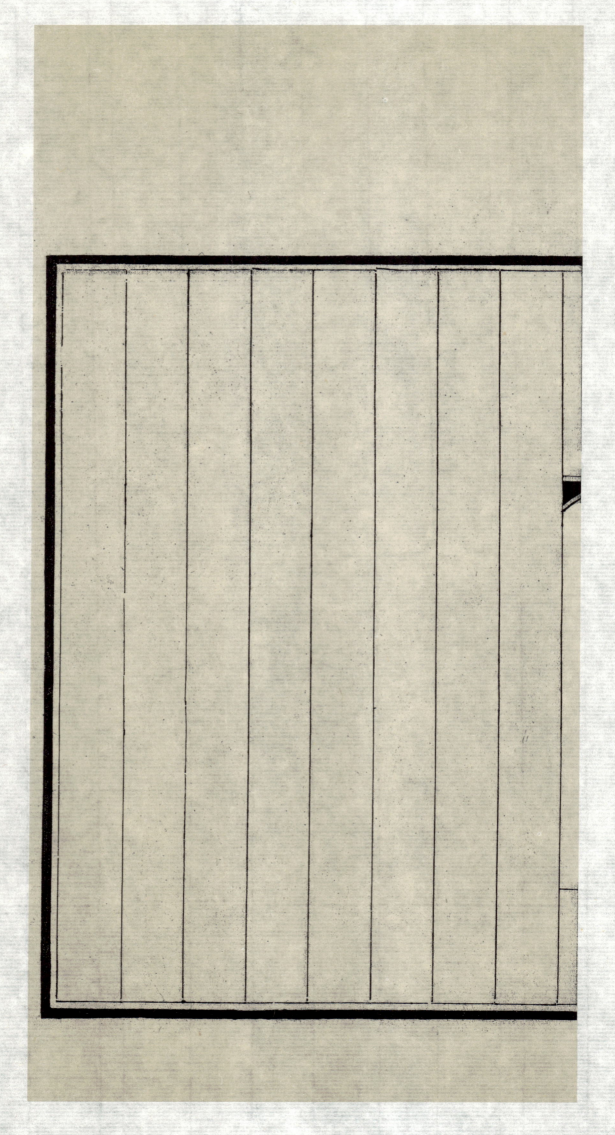

宋楊時金星歙石硯背面圖

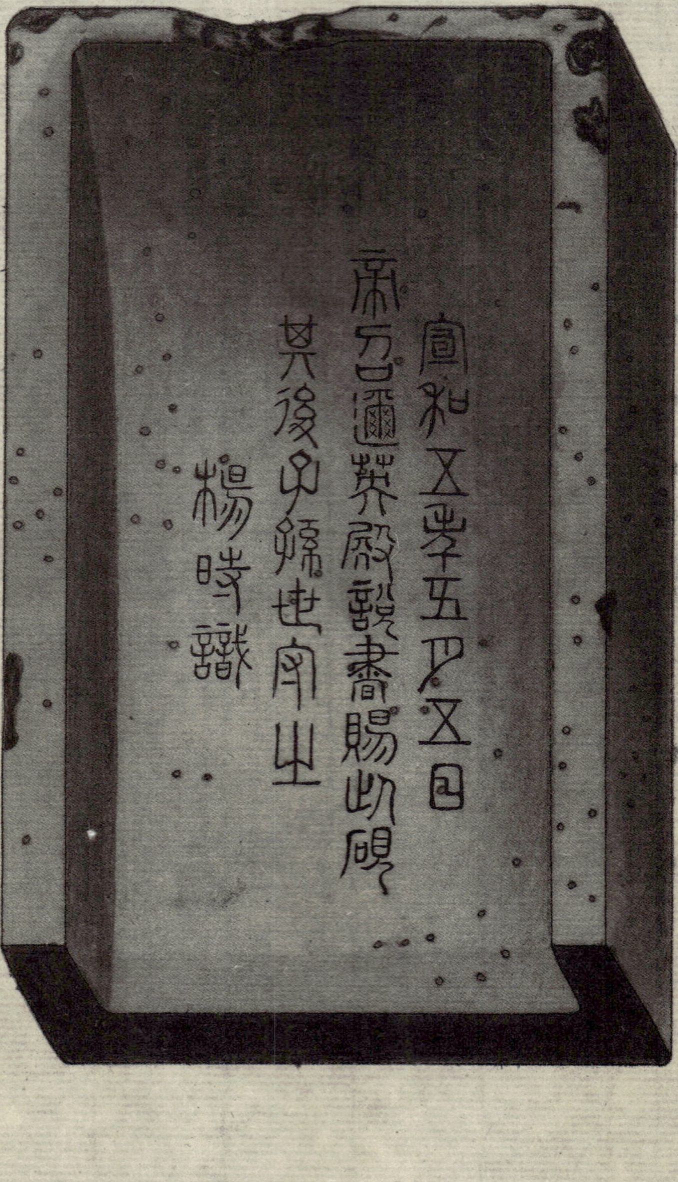

宋楊時金星歙石硯圖說

硯高八寸八分寬五寸四分厚一寸五分宋坑歙溪石質細而黝遍體金星硯面寬平墨池深廣墨鏽亦濃厚其為宋時舊製無起覆手自上削下兩趺離几六分許中鐫宣和五年五月五日帝召邇英殿說書賜此硯其後子孫世守之二十五字末有楊時識三字俱篆書上方側鐫

御題詩一首楷書鈐寶二曰會心不遠曰德充符匣蓋

宋陸游素心硯背面圖

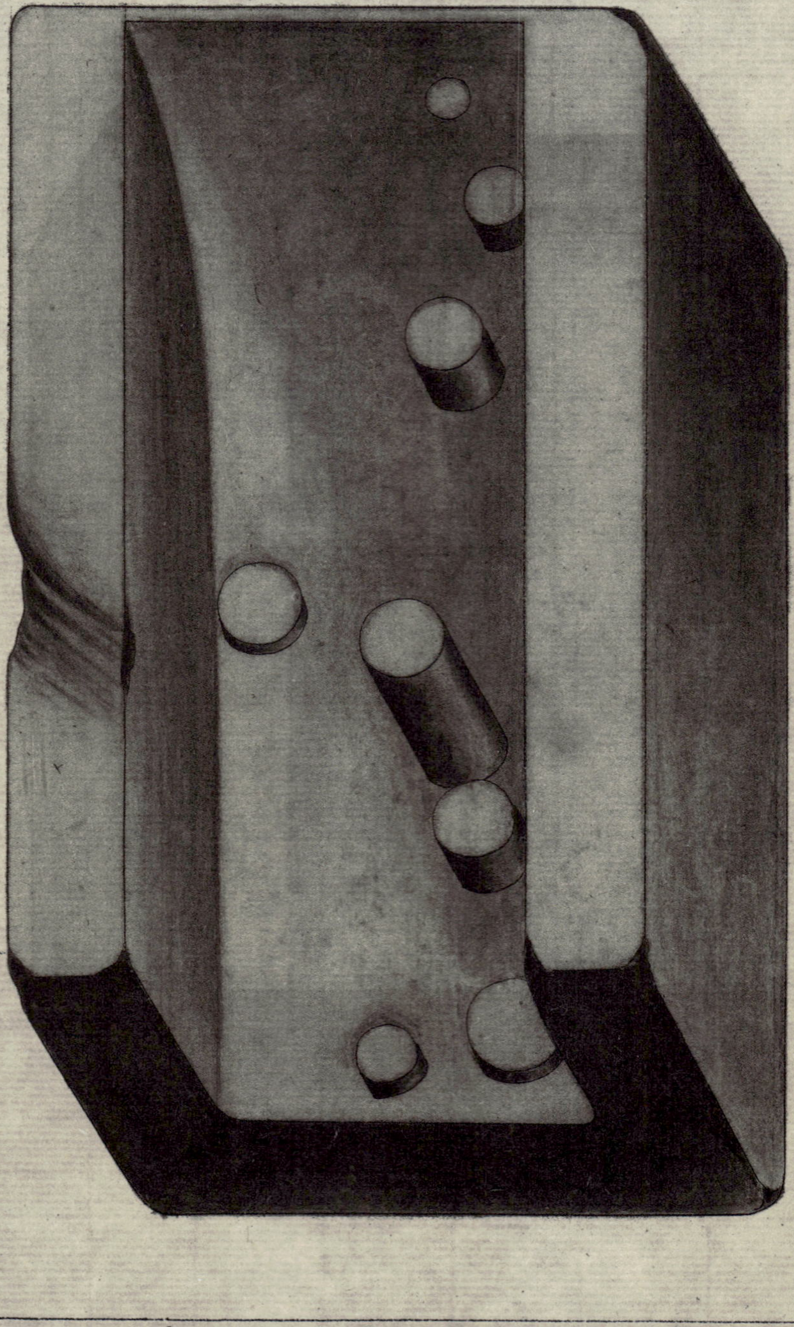

宋陸游素心硯說

硯高七寸六分寬五寸厚二寸二分長方式石質堅緻宋坑紫端石也受墨處正平有碧暈大小三墨池深五分濶三寸左側鐫隸書銘五十一字款署老學菴主人右側鐫

御題七言律詩一首鈐寶二曰會心不遠曰德充符並鐫硯匣蓋俱隸書鈐寶二曰乾隆硯側上方鐫寶一曰乾隆御玩硯背左傍中缺寸許大小長短凡

宋吴儆井田硯背面圖

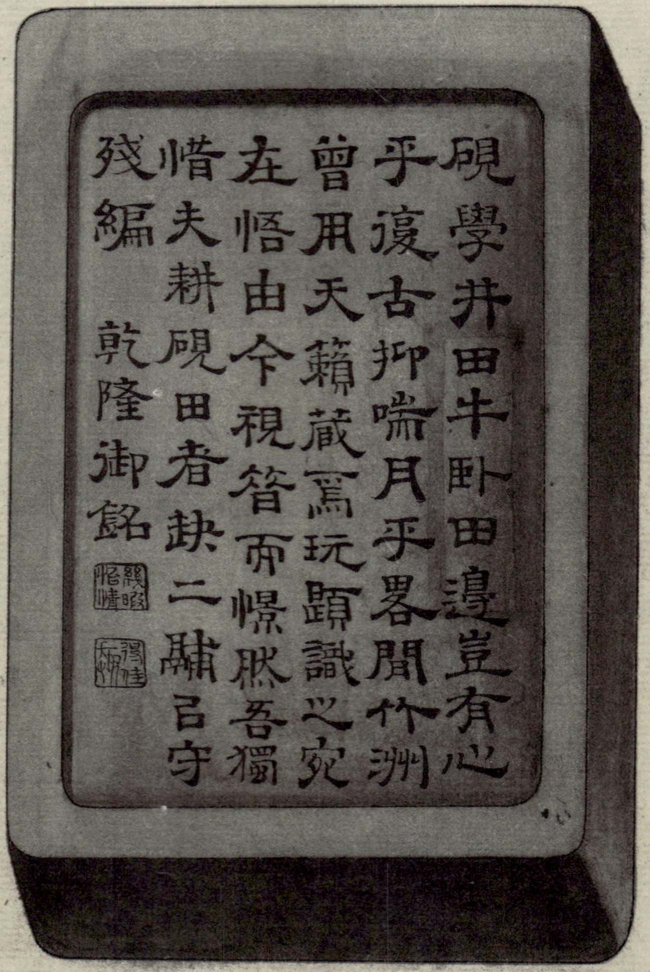

硯學井田牛卧田邊豈有心
乎復古抑喘月乎畧間竹洲
曾用天籍藏爲玩題識之究
在悟由今視昔而慄然吾獨
惜夫耕硯田者缺二鬴以守
殘編
乾隆御銘
幾暇怡情
得佳趣

宋吴儆井田硯說

硯高五寸九分寬三寸八分厚七分宋端溪石也受墨處寬平斜連墨池四角縱橫畫成井字墨池刻卧牛一左側鐫宋吴儆銘十六字下署益恭二字款俱行書右側鐫天籟閣秘玩五字篆書覆手鐫

御題銘一首隸書鈐寶二曰幾暇怡情曰得佳趣匣蓋並鐫是詩隸書鈐寶並同考四朝詩姓名爵里考

宋文天祥玉帶生硯背面圖

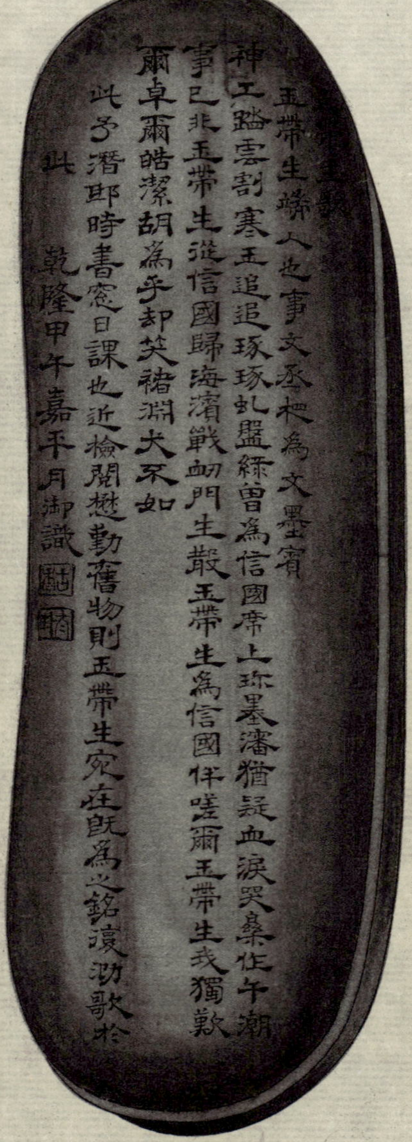

宋文天祥玉帶生硯説

硯高五寸許寬一寸七分厚如之形長而圓舊端溪子石也下硯面三分許周界石脉一道瑩白如帶墨池上高寸許鐫玉帶生三字篆書側面石脉下周鐫宋文天祥銘三十八字末署廬陵文天祥製款六字俱篆書下鐫

御題銘一首篆書鈐寶一曰比德硯背鐫

上青宮時作玉帶生歌一首并

御製玉帶生硯銘 宋文天祥

激切盡節易從容盡節難窮北再經寒暑卓乎匪石之志見於正氣之篇日月爭光泥而弗滓玉帶長生履善不死

予樂善堂集有玉帶生歌不過書窓日課想像爲之耳茲檢閱懋勤舊物則玉帶生究在因泐舊歌於硯并爲之銘 鐫硯匣側

御題識語

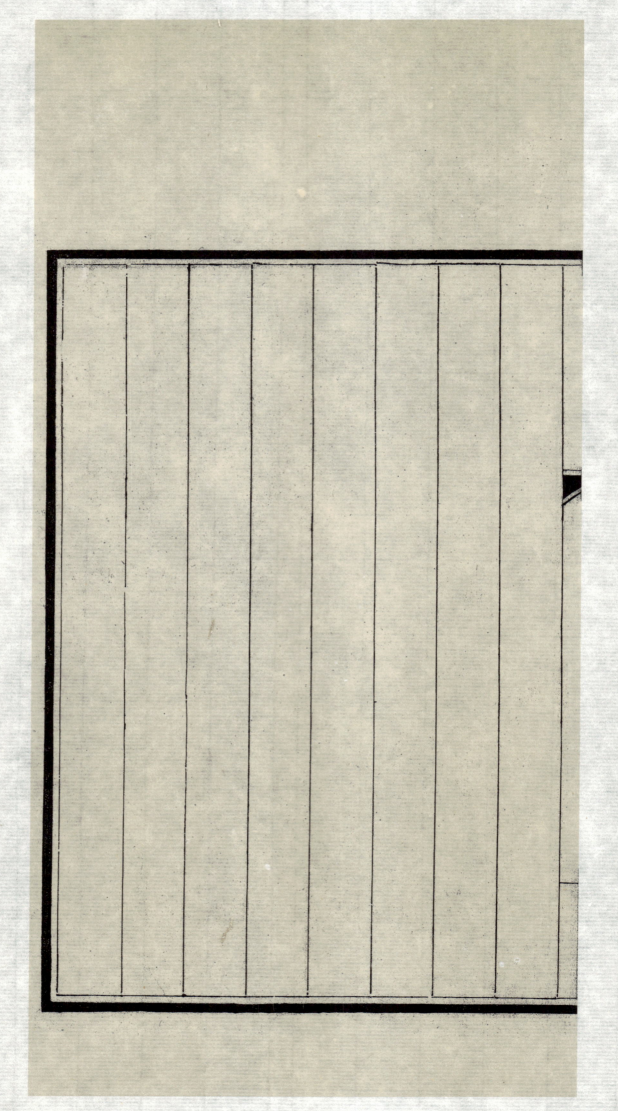

宋鄭思肖端石硯背面圖

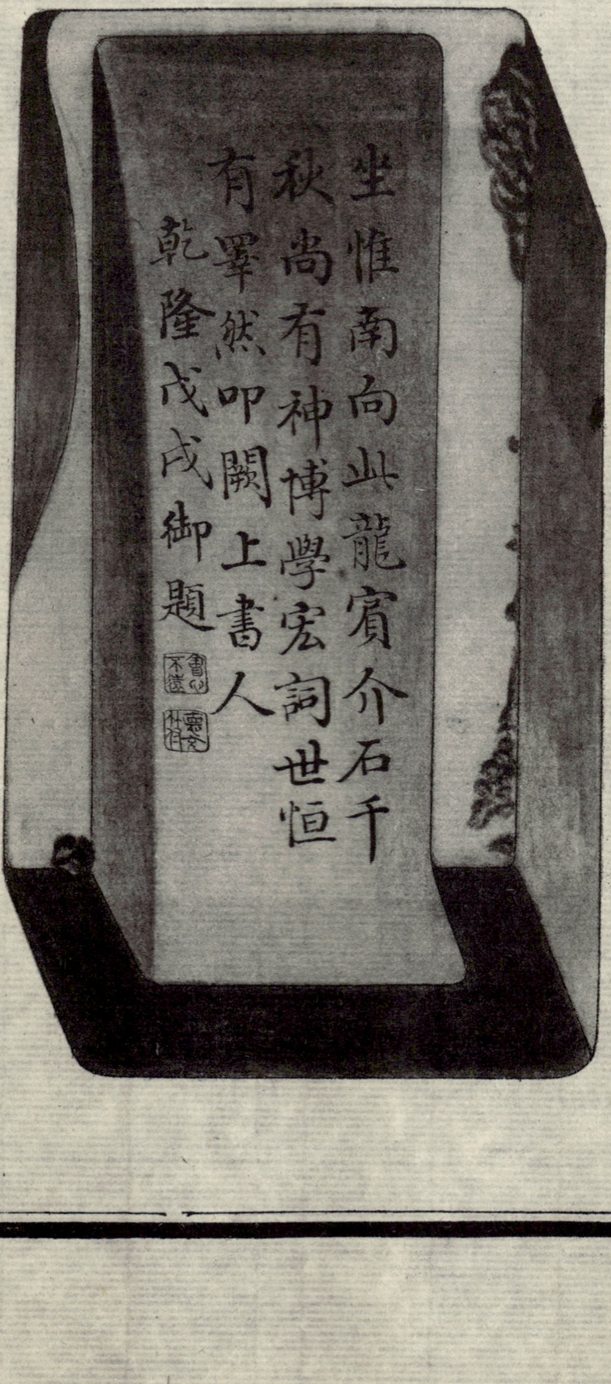

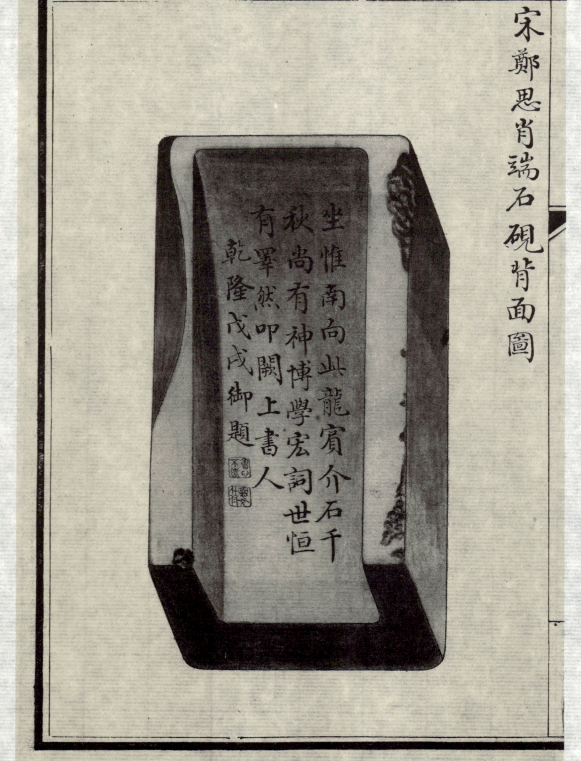

宋鄭思肖、端石硯說

硯高四寸五分寬二寸七分厚一寸二分宋老坑端石也、硯面平直墨池作一字式墨光可鑑上方微泐通體俱有剥落痕左側鐫所南文房四字隸書下有鄭思肖印四字、方印一右跗天然微側左跗亦有剥缺覆手内鐫

御題詩一首楷書鈐寶二曰會心不遠曰德充符考趙昱南宋、雜事詩引遺民録稱宋鄭思肖號所南福

宋端石海天硯

宋合辟端石硯 寧壽宮

宋端石雲腴硯 奉三無私

宋端石皺文硯 魚躍鳶飛

宋端石登瀛硯 清暉閣

南宋蘭亭硯背面圖

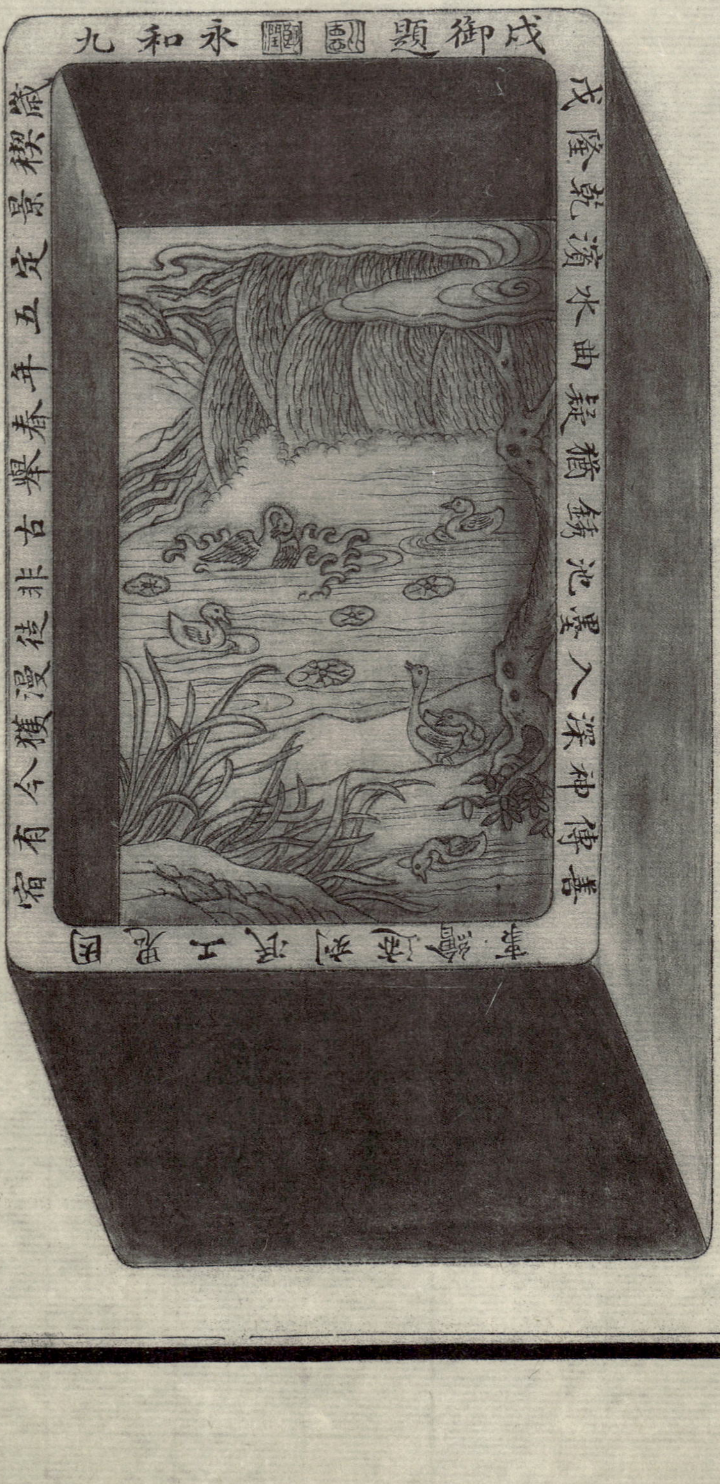

鱵浮動尤極有生趣蹲鶕

御題詩一首楷書鈐寶二曰比德曰朗潤匣蓋並鐫是

詩亦楷書鈐寶曰乾隆宸翰謹案景定為宋理宗紀年是

硯石質製作與宋蘭亭硯相彷均係宋製中之絶

佳者惟所列人物不足四十二賢之數較彼若稍

踈云

宋垂乳硯背面圖

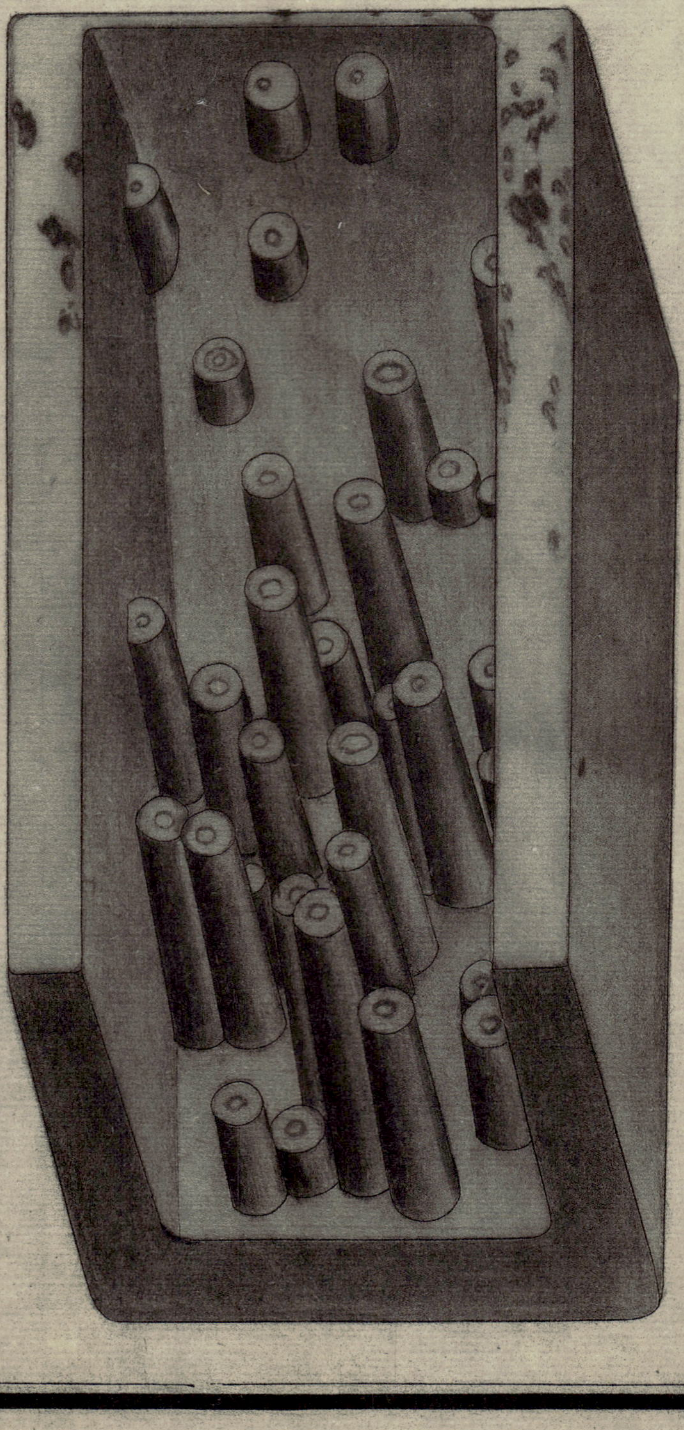

宋垂乳硯說

硯高七寸二分寬四寸三分厚二寸七分宋端谿水巖石也面寬平墨池深三分上方側鐫宋研二字隸書左側鐫

御題銘一首行書鈐寶一曰研露右側鐫垂乳二字隸書硯背三十二柱柱各有鸜鵒眼一高下參差懸如鐘乳雖欵識弗彰而膚理油然古香可挹元明以来無此佳製也匣蓋鐫

宋黝玉硯背面圖

宋黝玉硯說

硯高五寸八分寬三寸五分厚一寸九分宋老坑端石石色靜穆製作純素受墨深透數百年前物也通體俱略有皴剝受墨處微凹墨池深二分上方側鐫宋研二字隸書左側鐫

御題銘一首楷書鈐寶二曰乾隆右側鐫黝玉二字隸書趺著几處缺二分許若經磨礪者硯背覆手亦略有剝蝕而古香瑩澤比德溫粹誠無溢詞匣蓋鐫

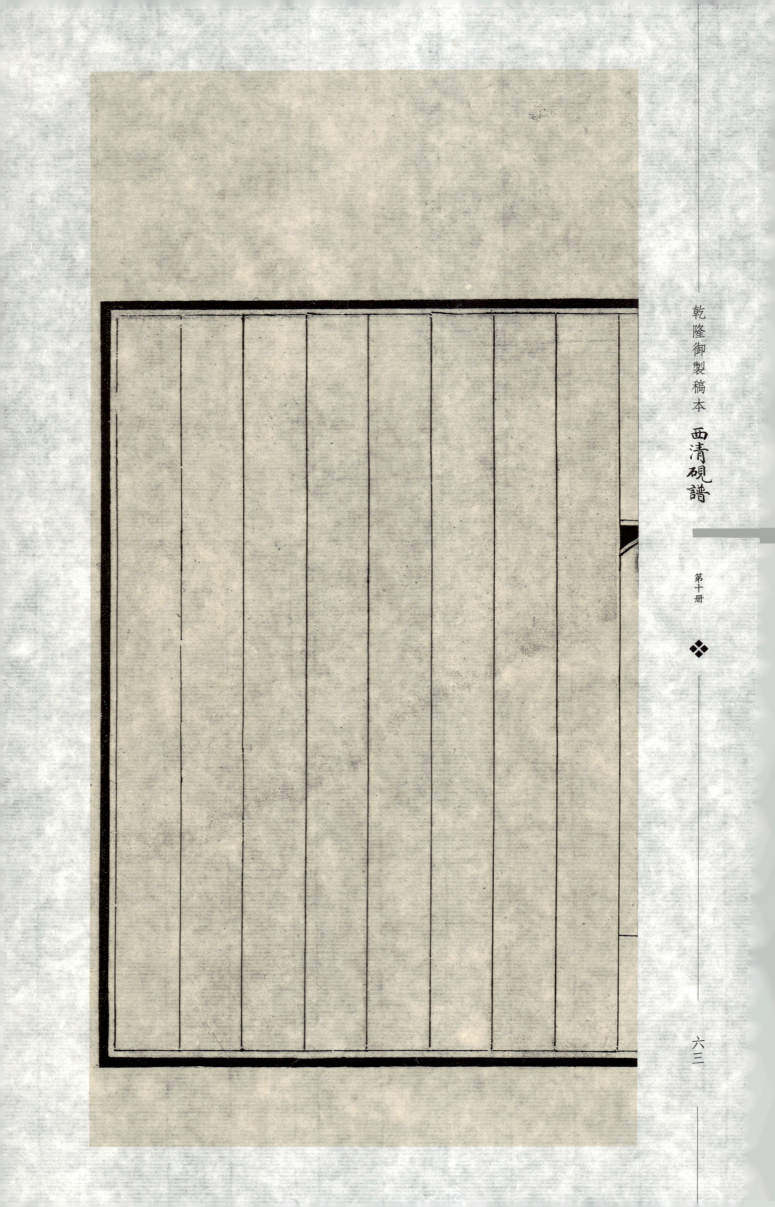

宋紫雲硯背面圖

宋紫雲硯説

硯高八寸三分寬五寸八分厚一寸八分宋端溪水巖石受墨處方廣平正墨池作峻坂下深一寸廣一寸八分上方有高眼一中懸如珠硯首側鐫宋硯二字隸書硯背覆手深二分上方鐫紫雲二字隸書下鐫

御題銘一首行書鈐寶一曰幾暇臨池是硯色若紫瓊取材既碩製作亦樸亦雅墨瀋所蓄淋漓可供百

宋暈月硯背面圖

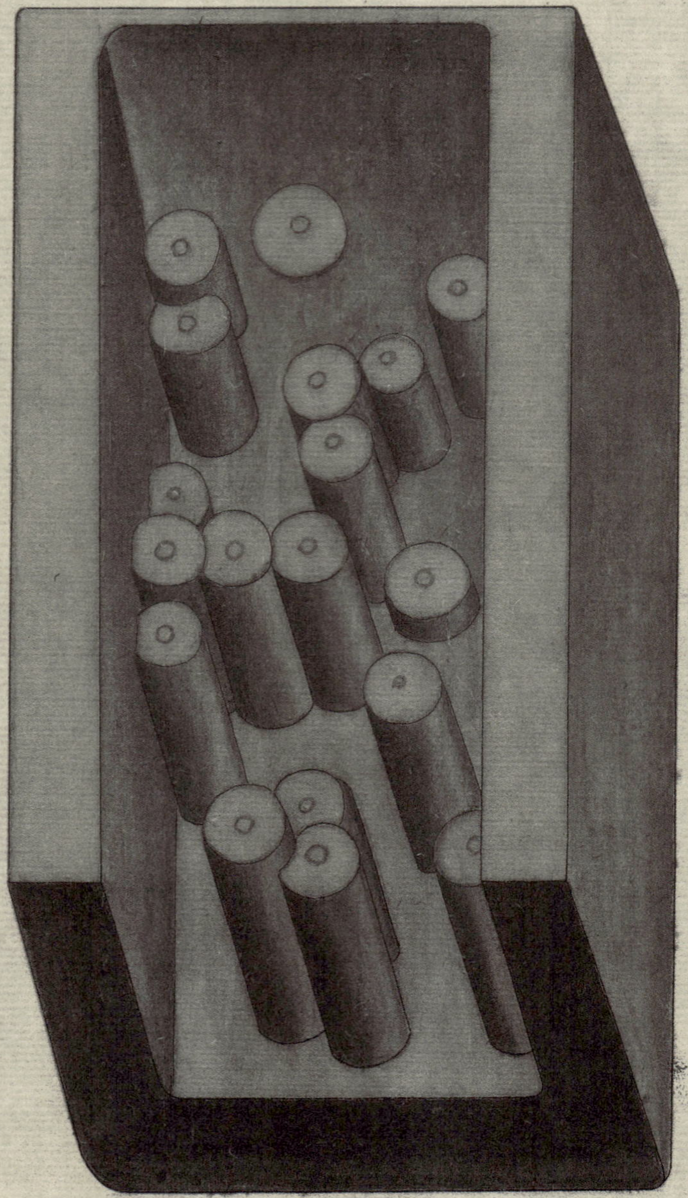

宋暈月硯硯首側面圖

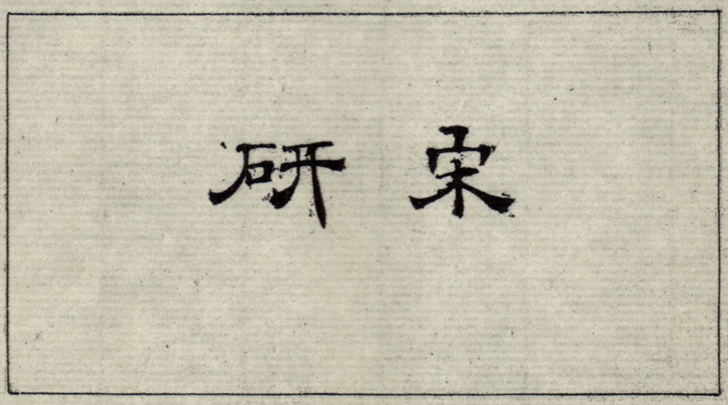

御銘與硯同行書鈐寶二曰會心不遠曰乾隆宸翰上

方鈐寶一曰乾隆匣底内鐫暈月二字隸書鈐寶

一曰乾隆御玩外鐫標識曰辛揩書

宋端石海天硯背面圖

二分鐫海湧珍寶上方正中活眼一刻作寶珠光焰正中刻作碑形負以贔屭碑首鐫隸書東坡硯銘四字碑鐫古篆硯銘與墨為入玉壘之食與水為出陰鑑之液懿矣茲石君子之側匪以玩物維以觀德三十二字外踰亦週刻海濤異獸內踰週鐫隸書鈐寶一曰朗潤

御題七言古詩一首是硯體質瑰博製作精工蘊軾銘詞雖係後人所鐫自是南宋高手

景以全

宋合璧端硯蓋內面圖

宋合璧端硯背面圖

宋合辟端硯説

硯高五寸一分許下寬五寸五分上斂四之一厚一寸一分宋坑端石色黝黑而潤因其自然略加琢治為風字形兩面剥落處亦隨其凹凸不復磨礱近面即石理解駁處約厚二分許剖去為蓋與硯天然筍合不爽銖黍硯面正中微凹而光為受墨處上刻偃月形為墨池硯首側鐫宋合辟端硯五字隸書下側鐫

宋端石雲腴硯背面圖

宋端石雲腴硯說

硯高四寸五分寬二寸五分厚六分許宋端石墨池深三分許受墨處從墨池直勒下邊寬五分許製作甚古朴墨鏽亦復深厚左側鐫

御題銘一首楷書鈐寶二曰比德曰朗潤右側鐫篆文雲腴二字硯背上方鐫銘十六字隸書下有喬氏仲山長方印一中隆起鸜鵒活眼一兩趺微凹硯首背面俱有駁蝕痕考仲山元喬簣成號明王世

宋端石獸文硯背面圖

宋端石歙文硯説

硯高八寸寬五寸四分厚一寸一分宋老坑端石墨池深六分四周刻帶文曲折隆起硯側下方鐫

御題銘一首鈐寶二曰古香曰太璞并鐫匣蓋鈐寶二曰幾暇怡情曰得佳趣硯背刻歙文是硯石質既佳而閲歲又久斑駁古雅墨鏽深厚尤不易得信宋製也

隸書

隸書

並鐫是銘

宋端石登瀛硯背面圖

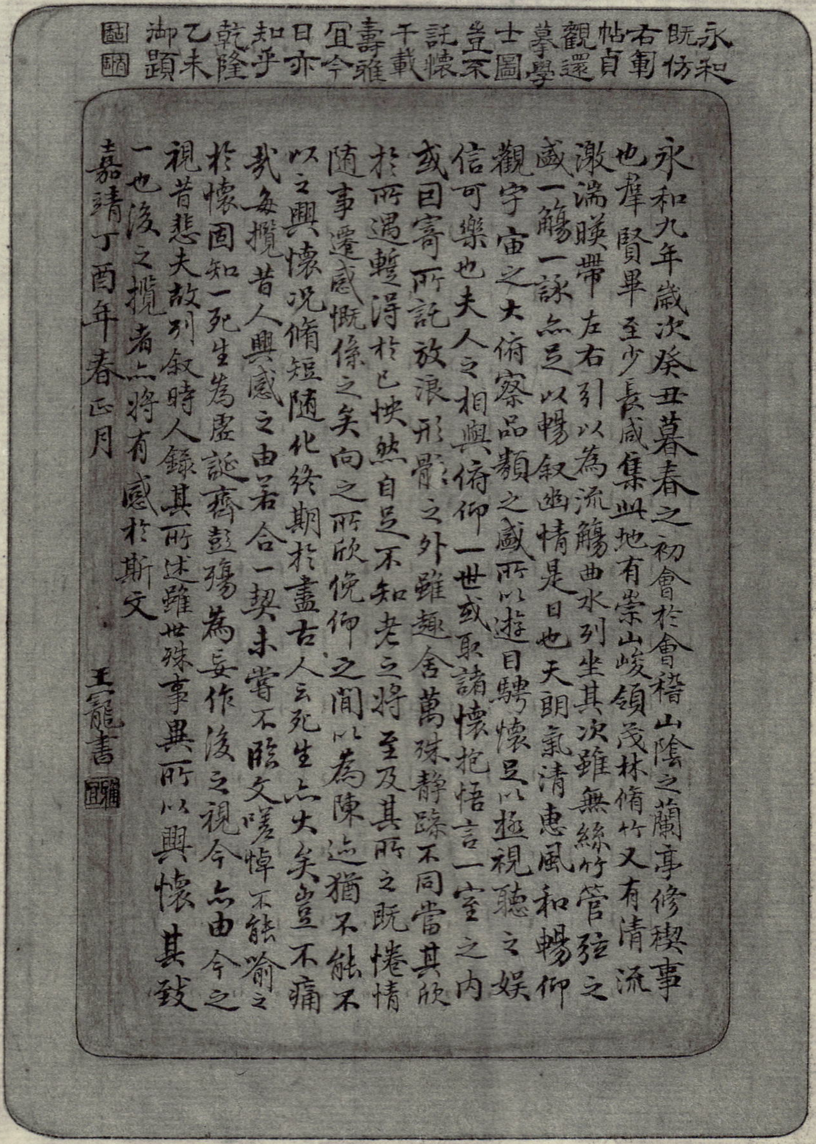
永和既仿右軍帖貞觀還摹學士圖豈宋託懷千載壽雖宜今日亦知乎
乾隆乙未御題
永和九年歲次癸丑暮春之初會於會稽山陰之蘭亭修禊事
也羣賢畢至少長咸集此地有崇山峻領茂林脩竹又有清流
激湍暎帶左右引以為流觴曲水列坐其次雖無絲竹管弦之
盛一觴一詠亦足以暢叙幽情是日也天朗氣清惠風和暢仰
觀宇宙之大俯察品類之盛所以遊目騁懷足以極視聽之娛
信可樂也夫人之相與俯仰一世或取諸懷抱悟言一室之內
或因寄所託放浪形骸之外雖趣舍萬殊靜躁不同當其欣
於所遇暫得於己快然自足不知老之將至及其所之既惓情
隨事遷感慨係之矣向之所欣俛仰之間以為陳迹猶不能不
以之興懷況脩短隨化終期於盡古人云死生亦大矣豈不痛
哉每攬昔人興感之由若合一契未嘗不臨文嗟悼不能喻之
於懷固知一死生為虛誕齊彭殤為妄作後之視今亦由今之
視昔悲夫故列叙時人錄其所述雖世殊事異所以興懷其致
一也後之攬者亦將有感於斯文
嘉靖丁酉年春正月
王寵書

宋端石登瀛硯説

硯高七寸五分寬五寸厚一寸七分長方式四周刻流雲縈繞墨池深八分硯側環刻十八學士登瀛洲圖硯背上方鐫

御題五言絶句詩一首隸書鈐寶二曰古香曰太璞蓋並鐫是詩鈐寶二曰乾隆正中鐫王寵楷行書王羲之蘭亭叙欵署嘉靖丁酉年春正月王寵書十一字下有雅宜二字印一考明王寵號雅宜山人

御製題宋端石登瀛硯

永和既倣右軍帖貞觀還摹學士圖豈不託懷千載壽

雅宜今日亦知乎

杏

書效鍾王體或寵得是硯時愛其舊坑堅潤霞手
寬平做玉枕蘭亭意書全文勒之似非誤認圖意也
兹復邀
宸藻親題以永和貞觀屬對千秋勝事兩美並傳更足
增蓺林佳話圖並錄
待另請与硯同録書譜寶二回乾隆

四十

宋端石登瀛硯側面圖

三九

宋端石登瀛硯正面圖

繪圖十分之七

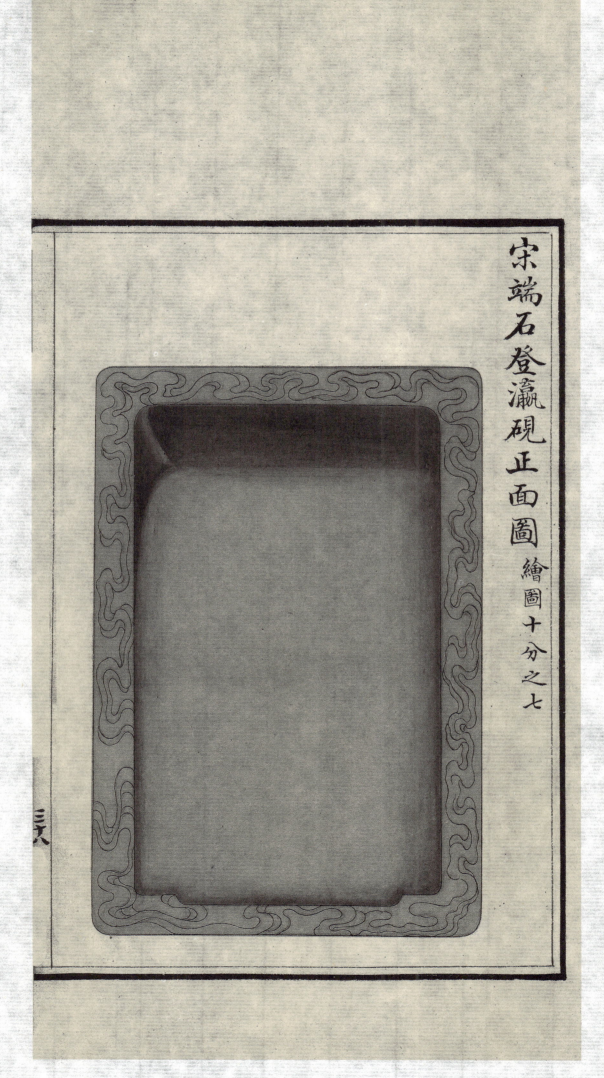

御製宋端石黻文硯銘

黼黻文章所戒虛車黼黻昇平持盈凜予出自舊阬古色䄻如含黼而黻崇文寓諸兩已相背黑而青於彰色辡等緬彼有虞用慎絲綸匪玩瓊琚

宋端石黻文硯下方側面圖

黼黻文章
所戒靈車
黼黻昇平
持盈凜予
出自舊阬
古色穆如
全黼而黻
集文寓諸
兩己相背
黑而青於
彰色辨等
緬被有裏
用慎絲綸
匪玩瓊琚
乾隆丁酉
御銘

三十六

宋端石黻文硯正面圖

繪圖十分之六

三五

御製宋端石雲腴硯銘

花鑌鐵面靈不頑製者誰氏瀩有元琢之席上同璵璠

喬簣成銘　雲根片腴閟于清都黝然而黑墨卿

與俱

三十四

貞弇州續藁稱其書蹟見右軍干嘔帖及朱巨川
告跋尾攷据頗精洽當亦博雅之士是硯爲所收
藏尤足珍也匣蓋鐫
御題銘與硯同鈐寶一曰乾隆御賞匣底內鐫寶一曰
乾隆御玩

三十三

宋端石雲腴硯側面圖

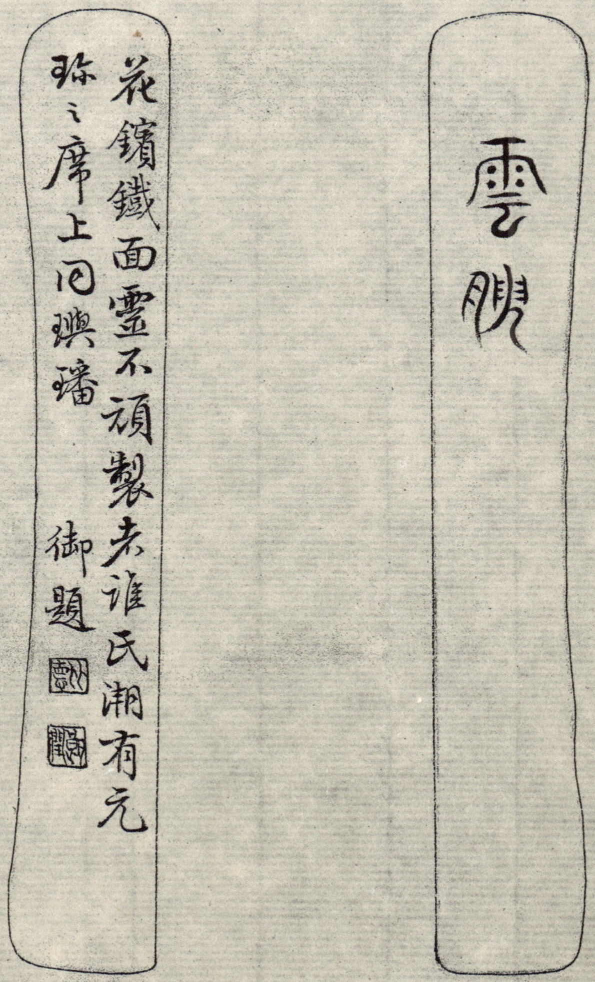

三十二

宋端石雲腴硯正面圖

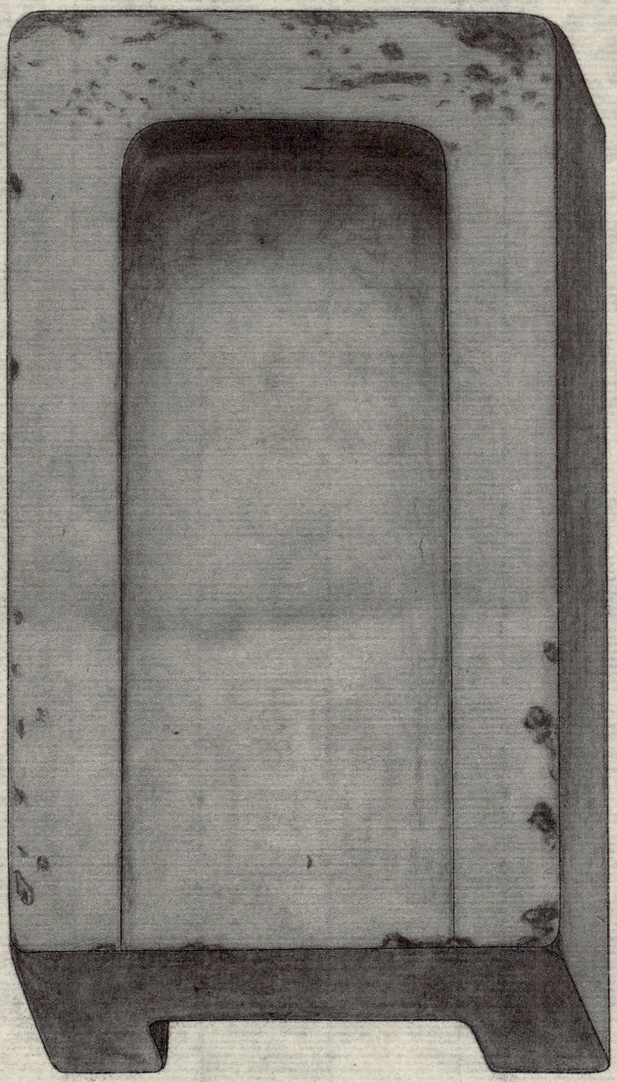

御製宋合辟端硯銘

取石自然既剖仍合合不見縫剖不見迹方而上斂如風字式月為硯池日為硯頰伊誰八分鏤以合辟匪祥是飾惟文斯洽用以雕龍遜乎其勰

御題銘一首隸書鈐寶二曰古香曰太璞匣蓋並鐫是銘鈐寶二曰會心不遠曰德充符背鐫合璧二字

隸書是硯石質、既古而製作彌復樸雅既剖仍合絶去斧鑿痕蹟幾如無、縫天衣東坡所云巧匠琢山骨於此益信足推文房逸品

三九

宋合辟端硯上下側面圖

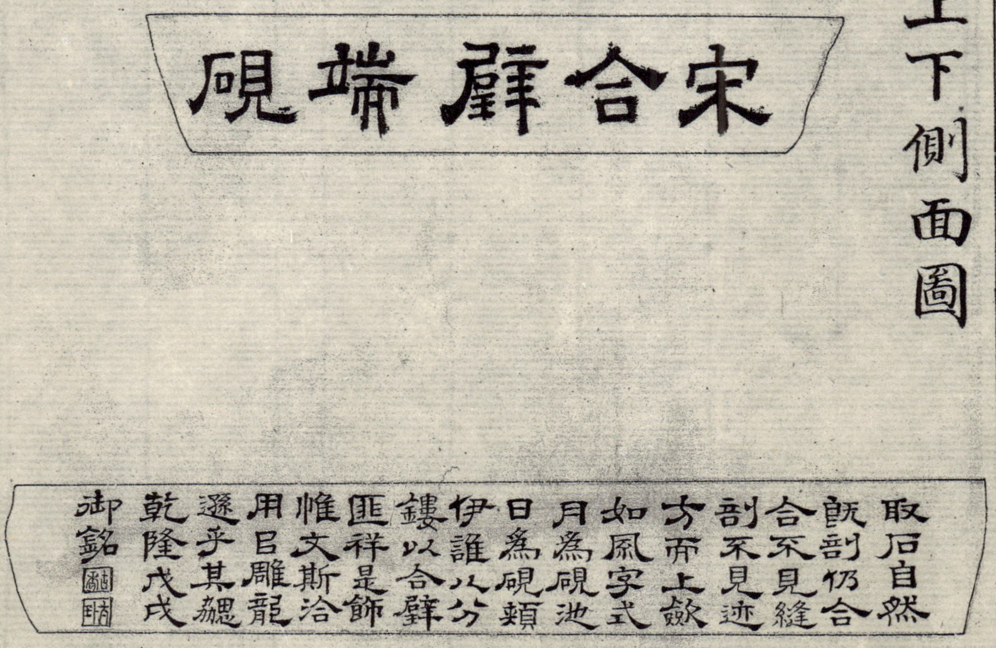

二十八

宋合璧端硯正面圖

注俱不載

御製海天硯歌

湯湯瀛海洪波翻峩峩湧出蓬萊山三島峙立噴華泉樓閣縹緲不可攀天吳罔象出沒淵下臨無地上有天左日右月浴其間（硯四周為波濤異獸面於海上湧出蓬萊三山樓閣聳峙額為三辰以象天因兩活眼為日月）是誰掀製未記年東坡卅二字勒篇（硯背篆鐫蘇軾與墨為入云云硯銘）起南宋時坑出端細繹其義具精詮黃庭尺宅方寸田（硯為寬方二寸餘上有池）靈池有液旱弗乾以沃道種滋腴妍凡手未可子墨研宜贈右軍資腕懸俾書內外

二十五

硯匣蓋鐫

御題七言古詩一首詩與硯同隸書鈐寶二曰幾暇怡情曰得佳趣

二十四

宋端石海天硯說

硯高一尺寬七寸厚二寸橢圓式石理純紫細潤係宋時老坑所産面鐫仙山樓閣環以大瀛海異獸跋浪中矗三峯中峯鐫天臺二字左峯鐫朱明曜真四字右峯鐫醴泉華池四字閣楣鐫蓬莱道山四字俱楷書閣下爲硯池池下受墨處正方三寸餘下右旁有眼一硯首左右各鸜鵒眼一黄碧圓暈如日月懸曜羅刻列宿形硯背平窪深一寸

此二幅不能按線法畫
另擬圖式伏候
訓示

宋端石海天硯附內面圖

宋端石海天硯正面圖

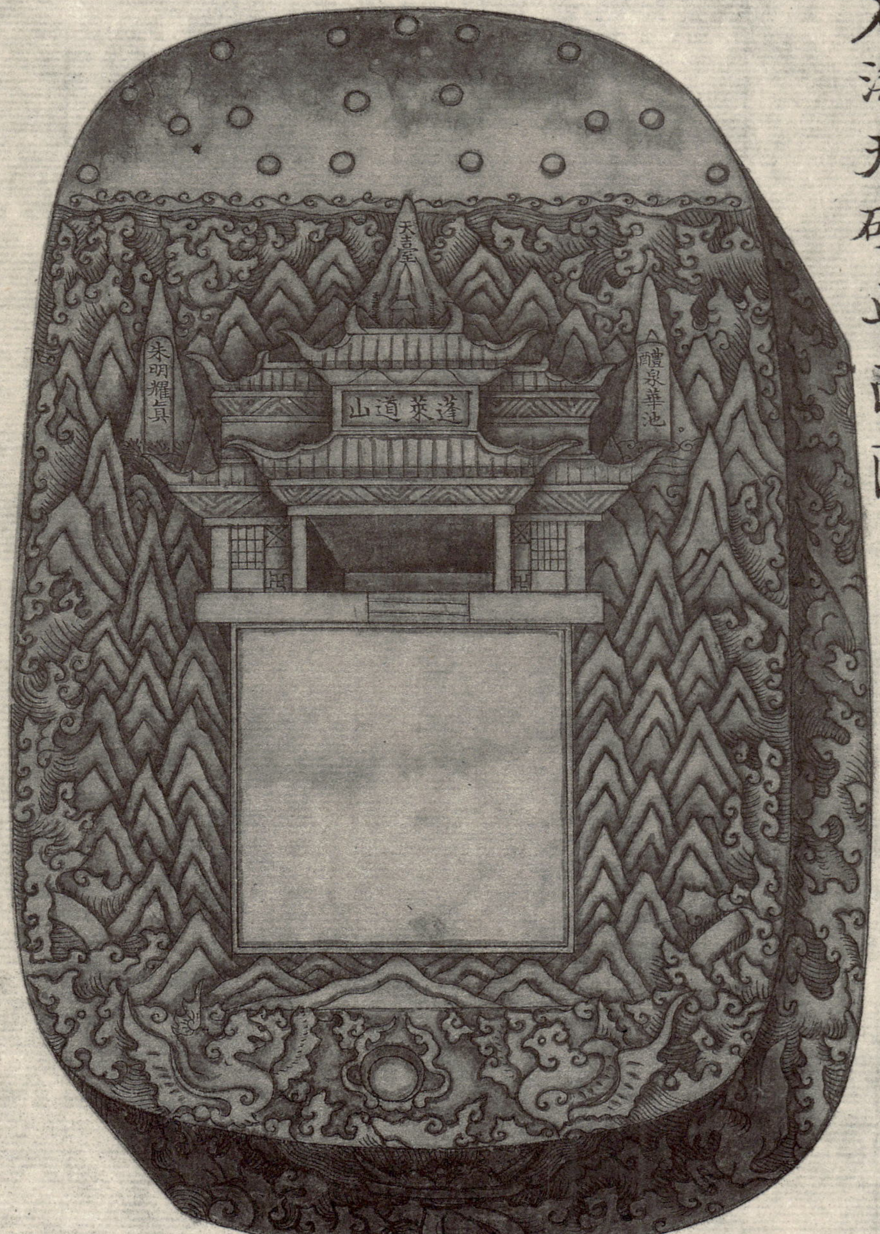

御製宋暈月硯銘

珠含其胎澤潤於礎元雲蒸蒸不風而雨

三

宋暈月硯說

硯高六寸四分寬四寸三分厚二寸七分宋端溪石硯體外長方中受墨處橢圓五寸墨池為弦月形上方側鐫宋硯二字右側鐫暈月二字並隸書

左側鐫

御題銘一首行書鈐寶二曰乾隆硯背有柱十八各有眼參差聯絡而琢磨工緻非宋時良工不能為匣

蓋鐫

宋暈月硯側面圖

珠含其胎澤潤於礎元雲
蒸〻不風而雨
乾隆己巳仲冬御題
乾
隆

暈月

宋暈月硯正面圖

繪圖十分之六

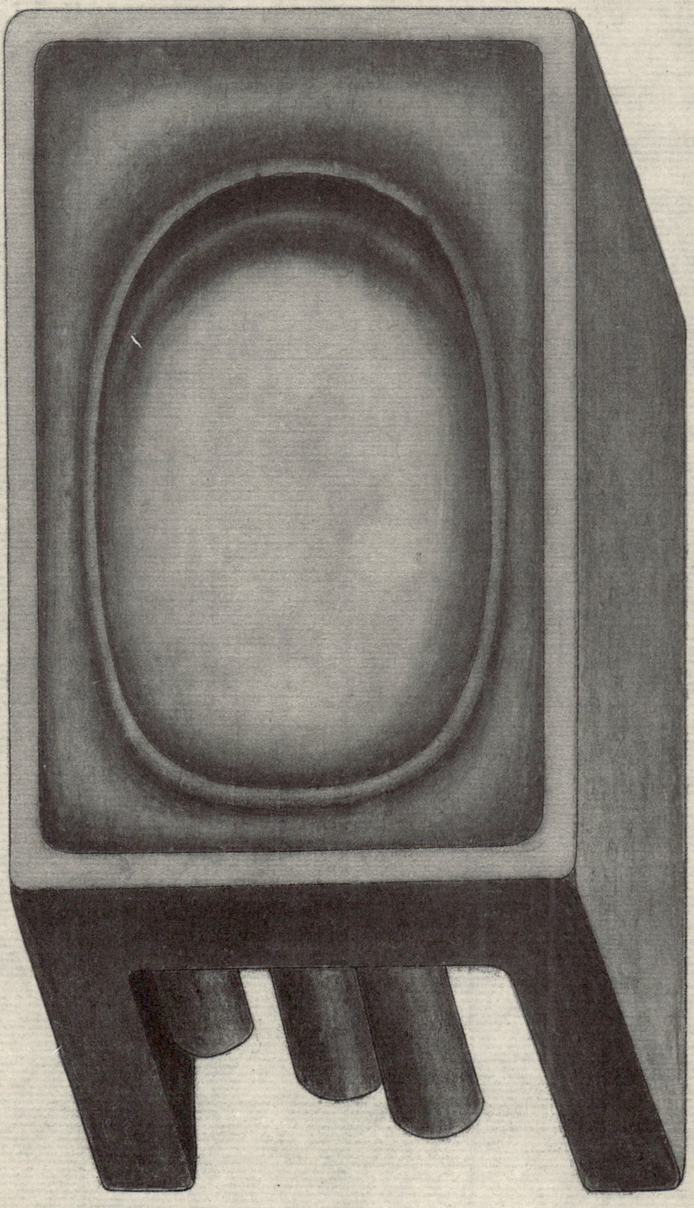

御製宋紫雲硯銘

與筆為入與墨為出不知不識是為密天一

十六

紙鏽彩融漬微、有剥蝕匣蓋外鐫
御題銘與硯同行書鈐寶一曰几席有餘香内鐫宋硯
二字隸、書匣底内鐫紫雲二字隸書鈐寶一曰乾
隆御玩外鐫標、識曰已楷書

宋紫雲硯上方側面圖

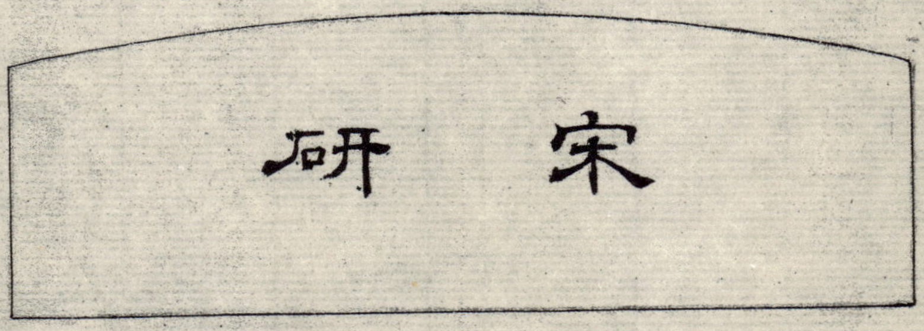

宋紫雲硯正面圖 繪圖十分之八

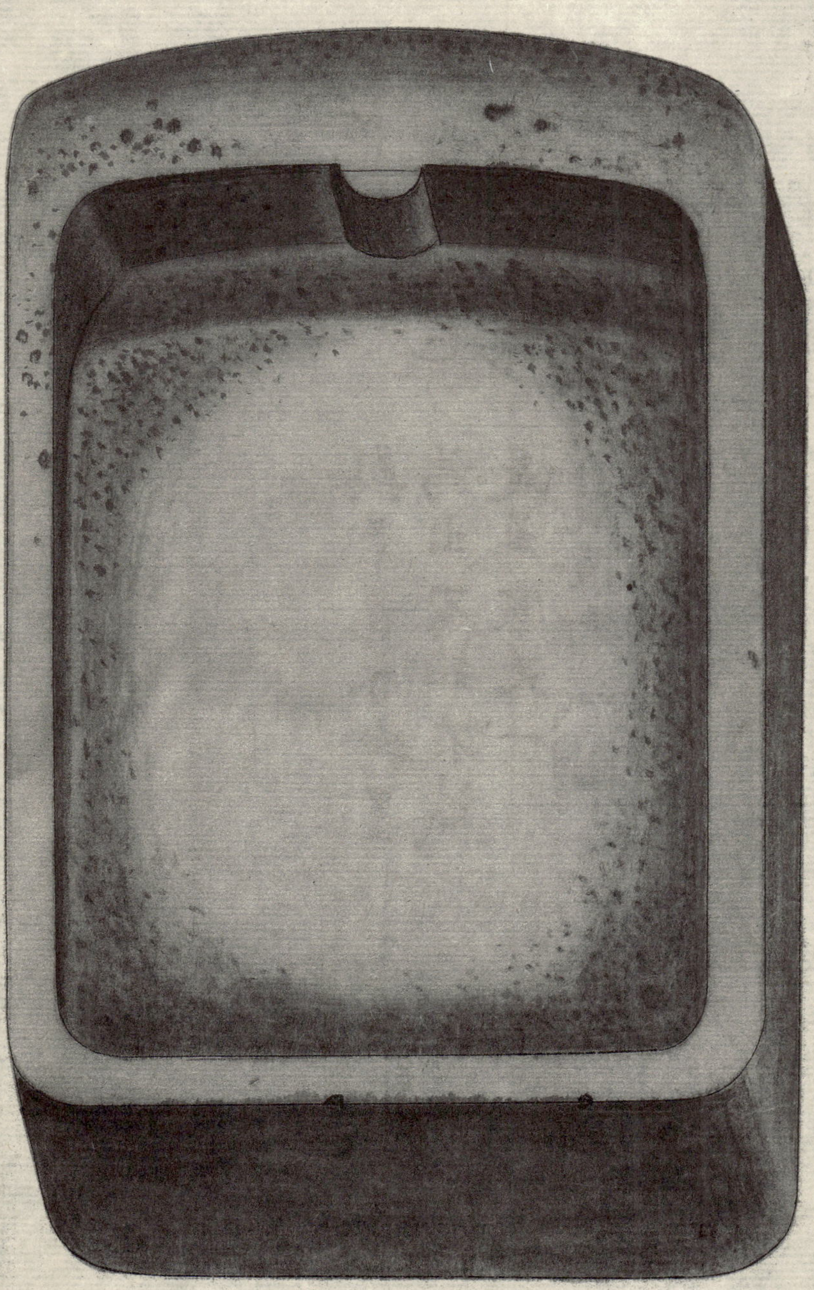

十三

御製宋蚴玉硯銘

體具剛柔用合動靜日萬幾欽屢省福天下苟綿世永

十二

御題銘與硯同楷書鈐寶二曰幾暇怡情曰乾隆宸翰
匣底内鐫太璞玉二字隸書鈐寶一曰乾隆御玩外
鐫標識曰戊楷書

十二

宋黝玉硯側面圖

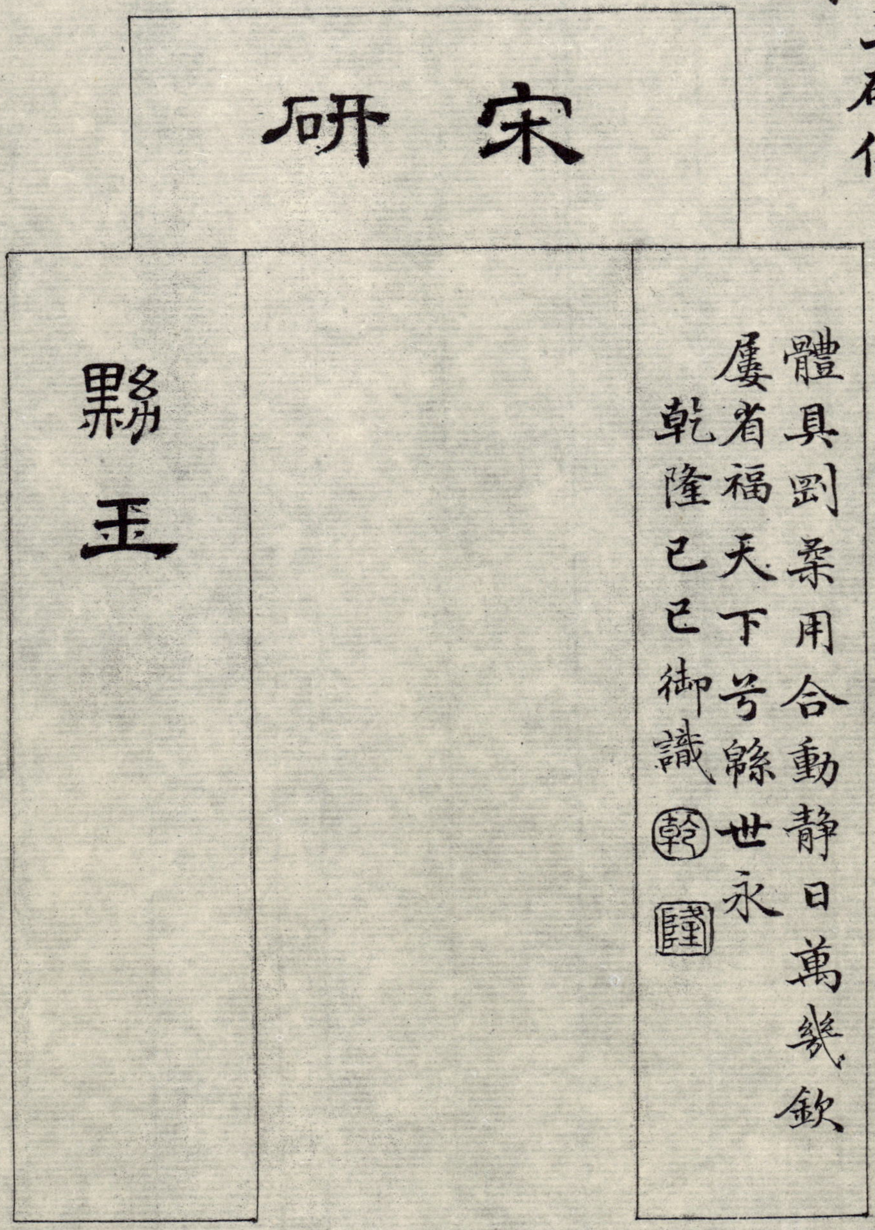
宋研
黝玉
體具剛柔用合動靜日萬幾欽
屢省福天下兮繇世永
乾隆己巳御識
乾
隆

御製宋垂乳硯銘
硯者研也漱六藝之芳潤沃朕心田也

八

御題銘與硯同行書鈐寶二曰乾隆匣底内鐫垂乳二

字隸書鈐寶一曰乾隆御玩外鐫標識曰丁楷書

宋垂乳硯側面圖

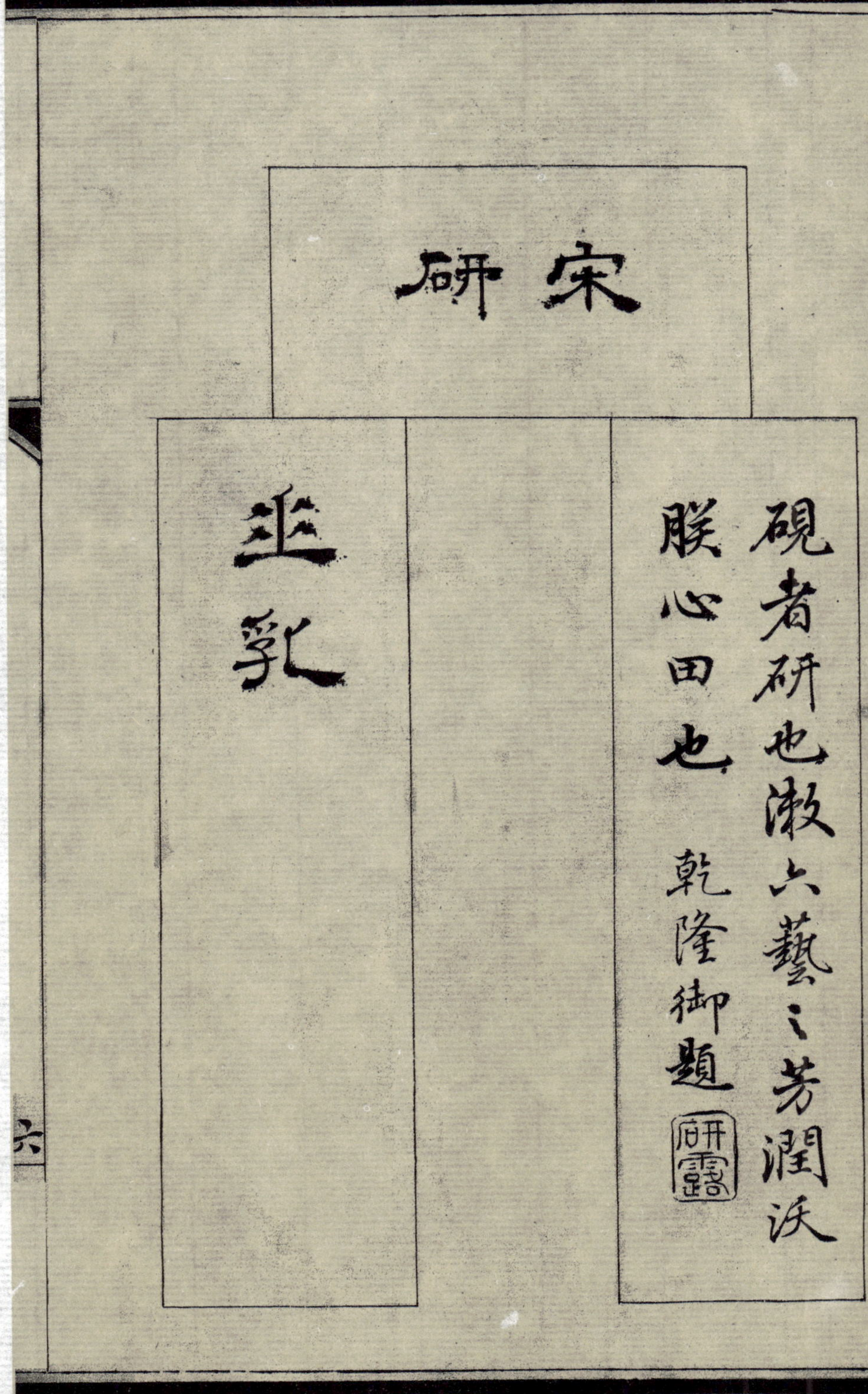

宋垂乳硯正面圖

繪圖十分之六

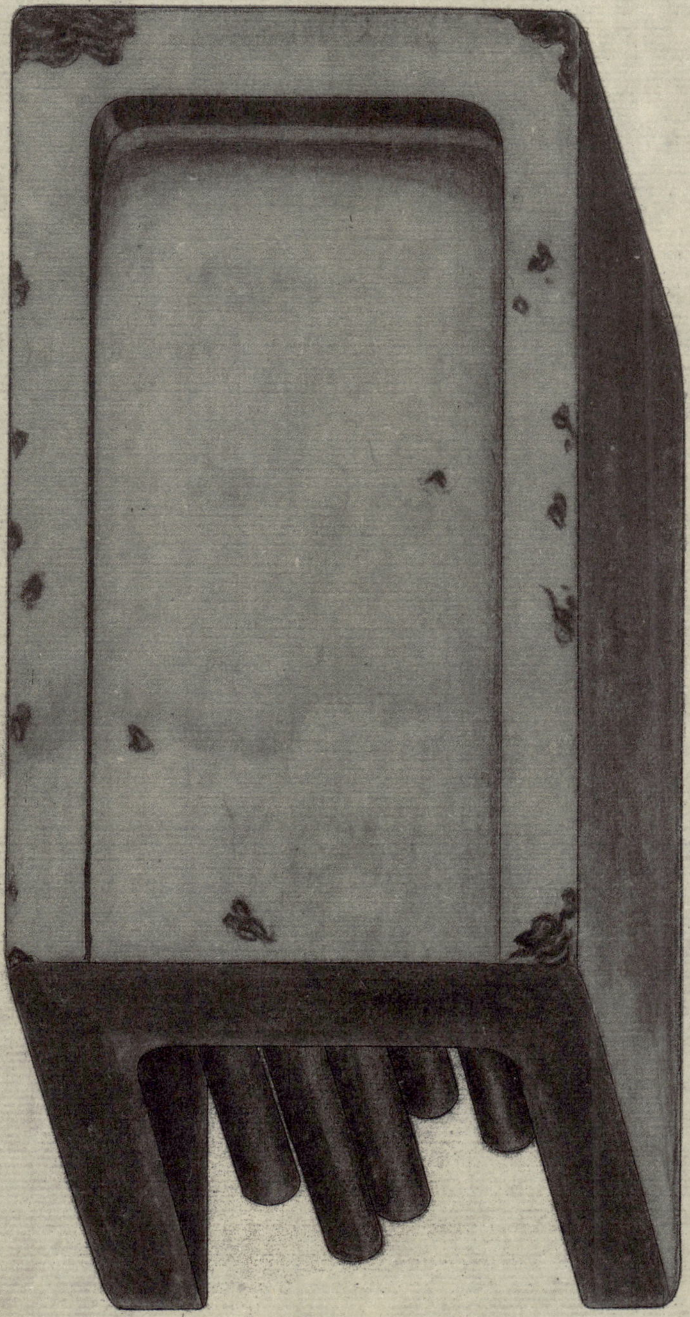

五

御製題南宋蘭亭硯

永和九歲稧景定五年春舉古非徒漫獲今有宿因思工涐刻迹繪事善傳神深入墨池銹猶起曲水濱

南宋蘭亭硯說

硯高七寸二分寬四寸五分厚二寸七分宋坑綠端石質極潤緻面及側面四周通刻蘭亭脩稧景硯面上方刻蘭亭旁列樹石稍下曲水為墨池繞出硯左下方中正平為受墨處右旁鐫景定五年春五字款楷書墨鏽濃厚側面人物樓閣樹石布置工細如生四角微有剝蝕古意穆然覆手深一寸一分許中刻柳碕蘆岸新荷田田荇藻交橫浴

南宋蘭亭硯側面圖

二

欽定西清硯譜目録

第十册

石之屬

欽定西清硯譜

第十冊

御製題宋鄭思肖端石硯

坐惟南向此龍賓介石千秋尚有神博學宏詞世恒有

睪然叩闕上書人

四十八

州人為太學上舍應宏詞科元兵南下扣閽上疏
辭切直忤當路不報宋亡後坐卧不北向精墨蘭
自更祚為蘭不著土是硯當是其所嘗用也匣盖
鐫
御題詩與硯同隸書鈐寶二亦同

四十七

宋鄭思肖端石硯側面圖

左方

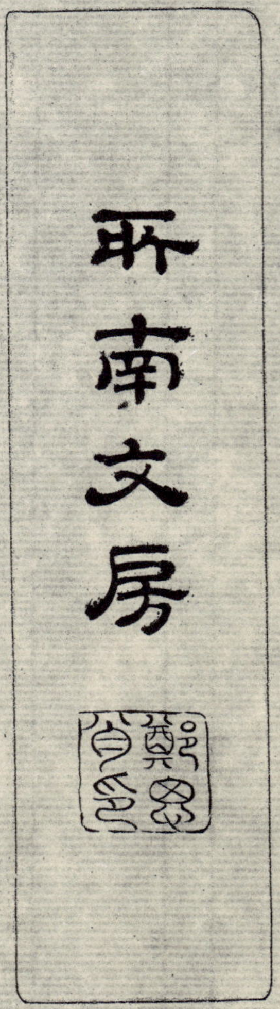

四十六

宋鄭思肖端石硯正面圖

繪圖十分之九

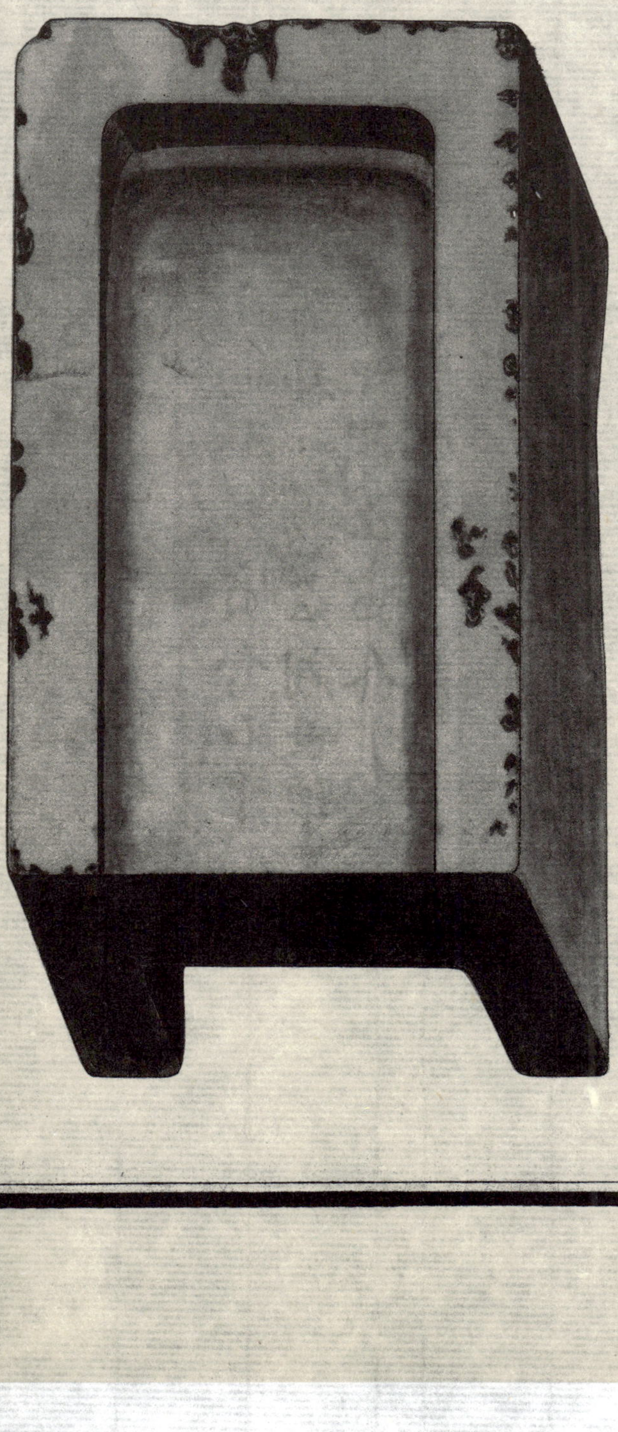

玉帶生硯既以人重而所貯漆匣亦樸素渾堅即非信國時護函當亦是元明賞鑒家所製向以久弆塵損一經拂拭光采如新可見正氣常存即一器之微亦不朽矣 鐫硯匣底

宋文天祥銘 紫之衣兮綿綿玉之帶兮粼粼中之藏兮淵淵外之澤兮日宣嗚呼磨爾心之堅兮壽吾文之傳兮

御製玉帶生歌（宋文天祥玉帶生硯）

玉帶生端人也事文丞相為文墨賓
神工踏雲割寒玉追追琢琢虬盤緑曽為信國席上珍
墨瀋猶疑血淚哭樂作午潮事已非玉帶生從信國歸
海濱戰衂門生散玉帶生為信國伴嗟爾玉帶生我獨
嘆爾卓爾皓潔胡為乎却笑褚淵犬不如
此予潛邸時書窓日課也近檢閲懋勤舊物則玉帶
生宛在既為之銘復沕歌於此鐫硯背

御題識語俱隸書鈐寶二曰古香曰太璞匣蓋面鐫玉
帶生三字隸書側鐫
御題銘及歌並與硯同俱隸書一鈐乾卦寶一鈐寶曰
比德惟銘後有識語四十四字歌後識語不書匣
底内鐫
御題識語六十四字隸書鈐寶二曰比德曰朗潤

宋文天祥玉帶生硯側面銘款圖

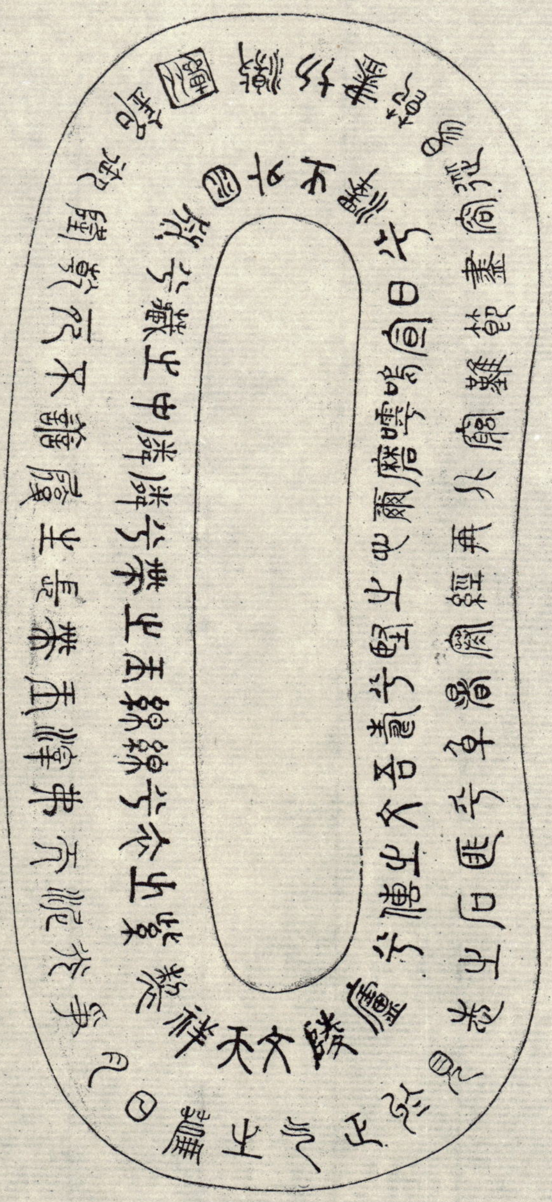

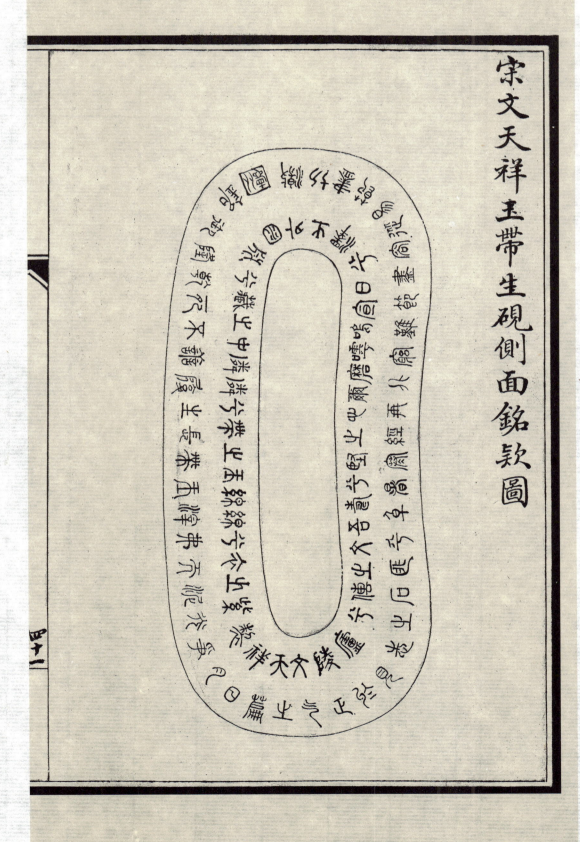

宋文天祥玉帶生硯正面圖

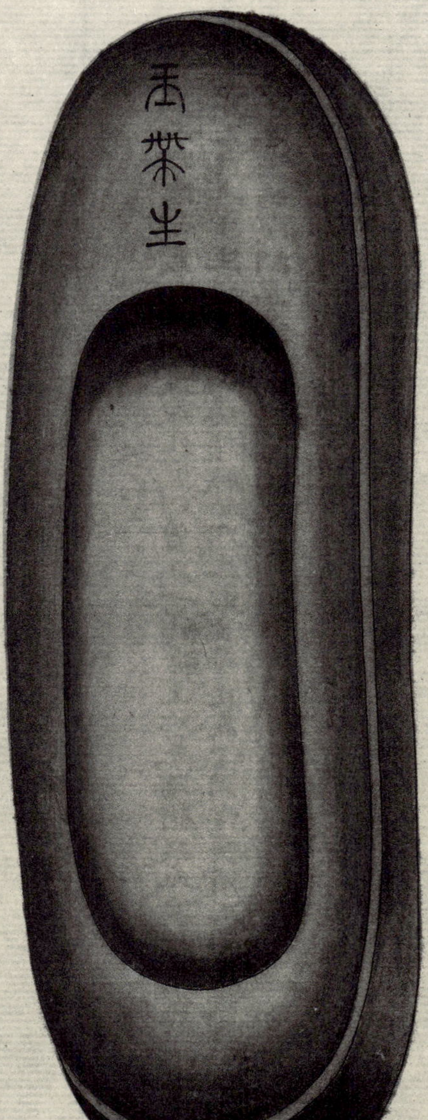

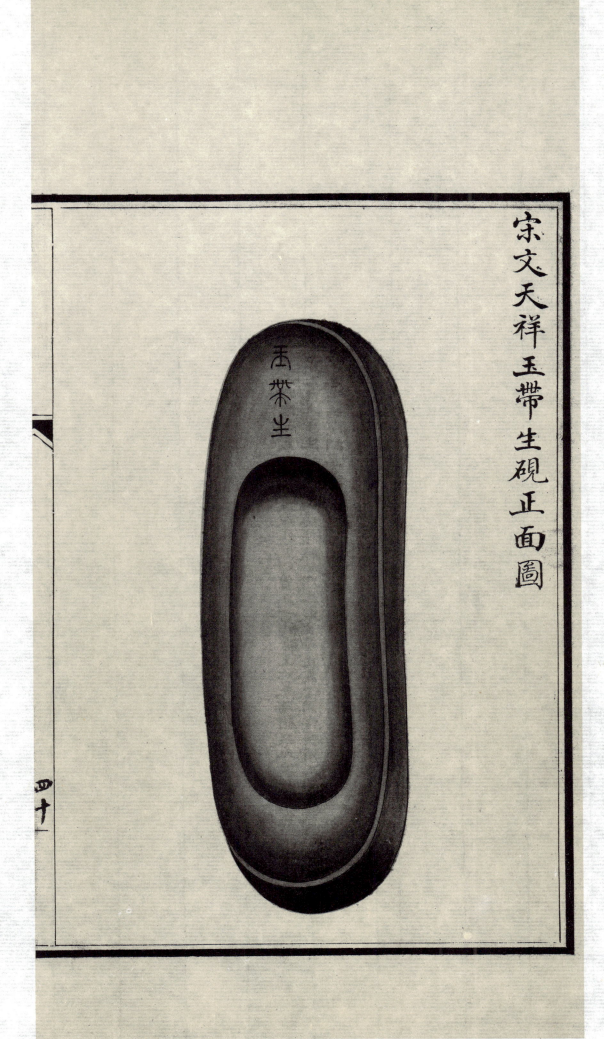

御製宋吴儆井田硯銘

硯學井田牛卧田邊豈有心乎復古抑喘月乎略閒竹洲曾用天籟藏爲玩題識之宛在悟由今視昔而憬然吾獨惜夫耕硯田者缺二鬴以守殘編

宋吴儆銘　謂石爾銘不石爾畊牛兮努力我田是服

三十九

稱宋吳儆字益恭登紹興二十七年進士第歴官
朝散郎知泰州卒謚文肅著有竹洲集是硯所署
益恭當即其人而流傳入明項子京天籟閣中者

三十八

宋吴儆井田硯側面圖

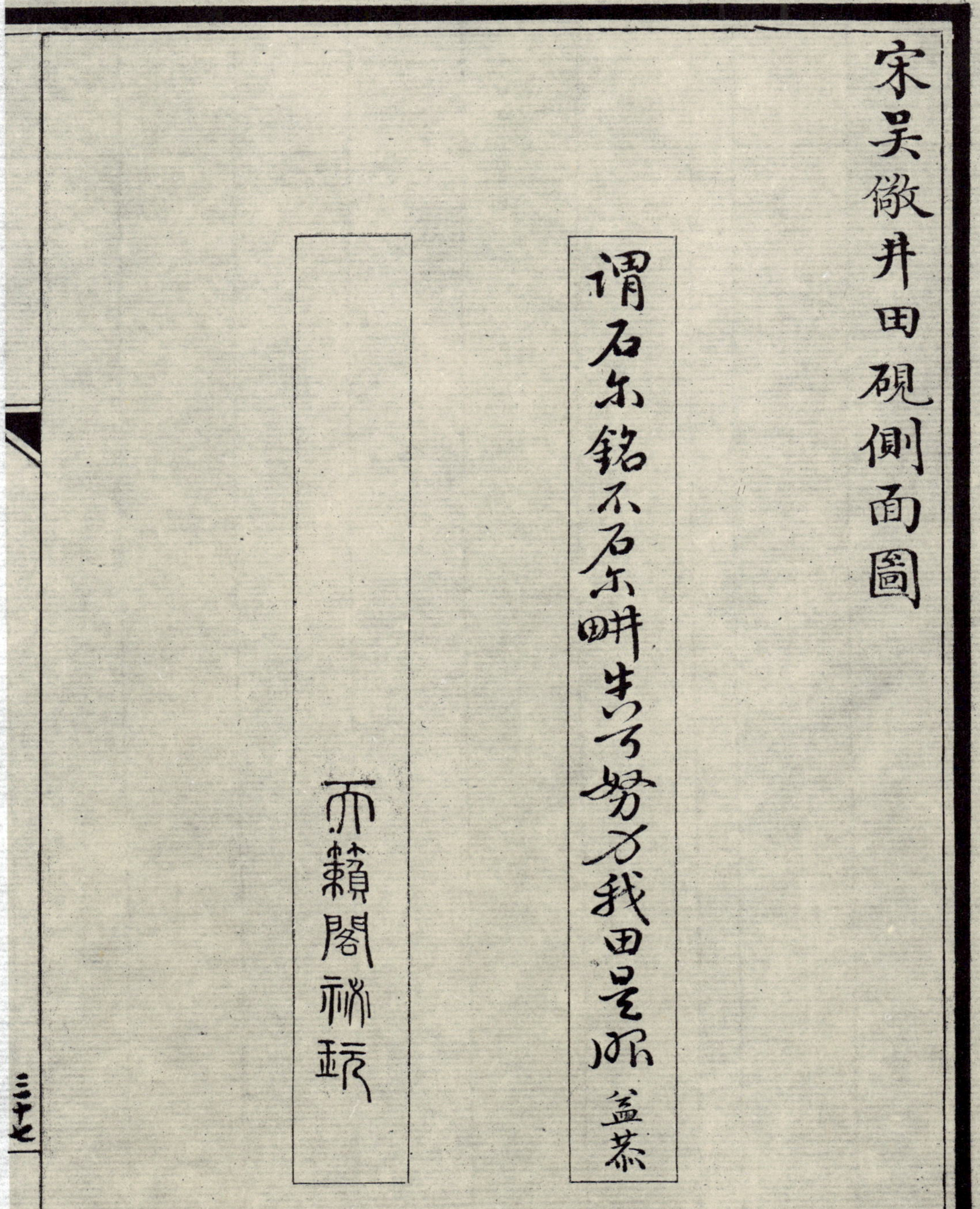

三十七

宋吳徵井田硯正面圖

繪圖十分之七

御製題宋陸游素心硯

猶是端溪出老坑素心恒泐舊交誠李仙杜聖詩津逮張草楊（顏）行書體明染翰抽思同彼伴桑田海水獨斯更七言吟罷還成咲何異放翁當日情

宋陸游銘　端溪之穴無此美質既堅而貞亦潤而澤澀不拒筆滑不留墨希世之珎那可得故人贈我情何極素心交視此石子孫保之永無失

老學菴旦叉

八柱各有碧暈隱現考宋陸游著有老學菴筆記

主人蓋其自號云

三十四

宋陸游素心硯側面圖

乾隆御玩

猶是端溪出老坑素心恆沕舊交詩李仙杜聖詎津逮張艸顏行書體朗深翰抽思同彼伴桑田海水獨斯叟七言吟罷還成笑何異放翁當日情
乾隆乙未仲春月上澣御題

會心不遠　德充符

端溪之穴毓此美質既堅而貞亦潤而澤澀不拒筆滑不留墨希世之珍那可得故人贈我情何極素心交視此石子孫保之永無失
老學庵主人

宋陸游素心硯正面圖

繪圖十分之六

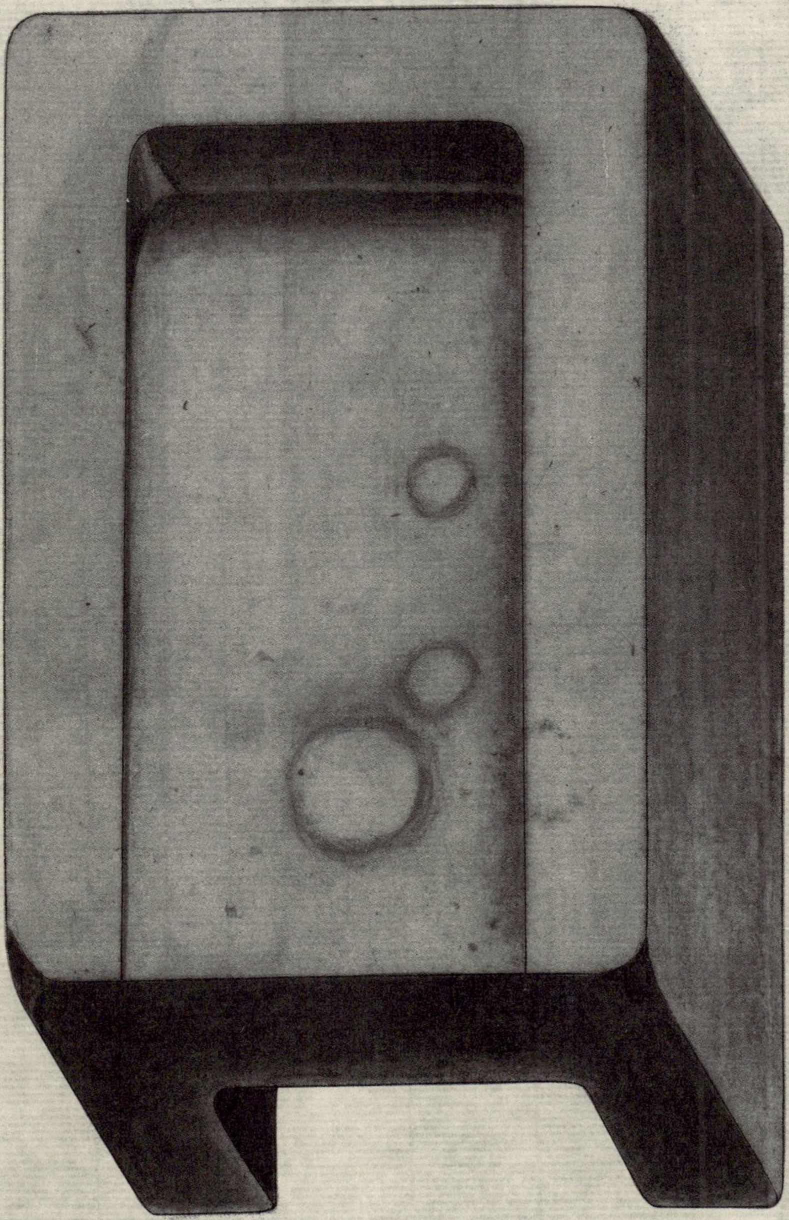

御製題宋楊時金星歙石硯

金星佳品訪於錢，賜識宣和之五年。宋殿說書忠實殫，程門立雪學真傳。道南羅李明承派，議北童梁直斥奸。內聖外王原不二，吾於斯也兩茫然。

並鐫是詩隸書鈐寶二曰乾隆考宋史楊時字中
立熙寧九年中進士第師河南程顥兄弟學者稱
爲龜山先生宣和初以薦召爲邇英殿說書賜硯
當在其時也

宋楊時金星歙石硯側面圖

金星佳品
訪於錢賜
識宣和之
五年宋殿
說書忠實
殫程門立
雪學真傳
道南羅李
明承派議
北童梁直
斥奸內聖
外王原不
二吾於斯
也兩茫然
乾隆戊戌
御題

三九

宋楊時金星歙石硯正面圖　繪圖十分之五

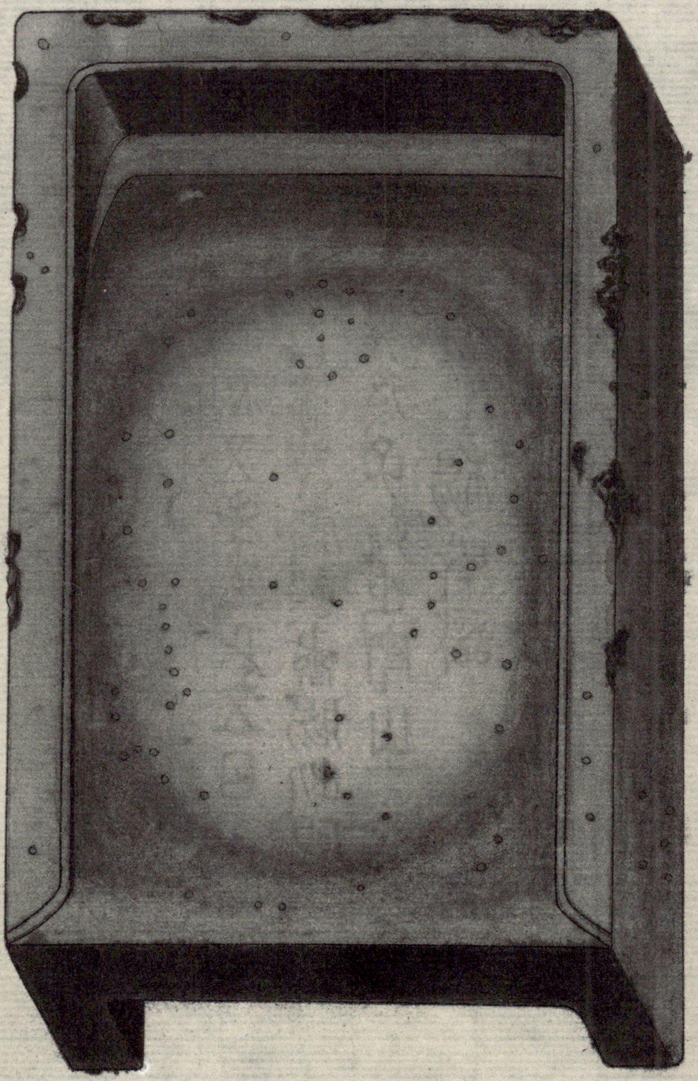

御製題宋薛紹彭蘭亭硯

薛米由来弟與兄襄陽惟是意為傾緑端恰寫蘭亭景

凹背還鐫禊帖成知古法仍兼畫趣祛時態早契書評

即看墨沼蒼雲潤欲出呼之聚有精

深秀此則陽文隱起刻劃圓勁其為宋人舊製無
疑覆手深一寸二分許周刻波文流雲繞之中為（流觴曲水）
蕉葉式鐫王羲之蘭亭序楷書末有薛道祖書四
字款隸書其下有古杭朱欣及弘文之印方印二

附周鐫

御題詩一首楷書鈐寶一曰德充符硯（匣）蓋並鐫是詩鈐（亦楷書）
寶二曰會心不遠曰德充符考宋薛紹彭字道祖書
法晉唐絕不作側筆惡態米芾書史云世言米薛

三五

三十五

宋薛紹彭蘭亭硯銘款圖

永和九年歲在癸丑暮春之初會于會稽山陰之蘭亭
脩稧事也羣賢畢至少長咸集此地有崇山峻領茂林脩竹又
有清流激湍暎帶左右引以為流觴曲水列坐其次雖無絲竹
管弦之盛一觴一詠亦足以暢叙幽情是日也天朗氣清惠風
和暢仰觀宇宙之大俯察品類之盛所以遊目騁懷足以極視
聽之娛信可樂也夫人之相與俯仰一世或取諸懷抱悟言一
室之内或因寄所託放浪形骸之外雖趣舍萬殊靜躁不同當
其欣於所遇暫得於己快然自足曾不知老之將至及其所之
既惓情隨事遷感慨係之矣向之所欣俛仰之間以為陳迹猶
不能不以之興懷況脩短隨化終期於盡古人云死生亦大矣
豈不痛哉每攬昔人興感之由若合一契未嘗不臨文嗟悼不
能喻之於懷固知一死生為虛誕齊彭殤為妄作後之視今亦
猶今之視昔悲夫故列叙時人録其所述雖世殊事異所以興
懷其致一也後之攬者亦將有感於斯文

薛𢼸祖書

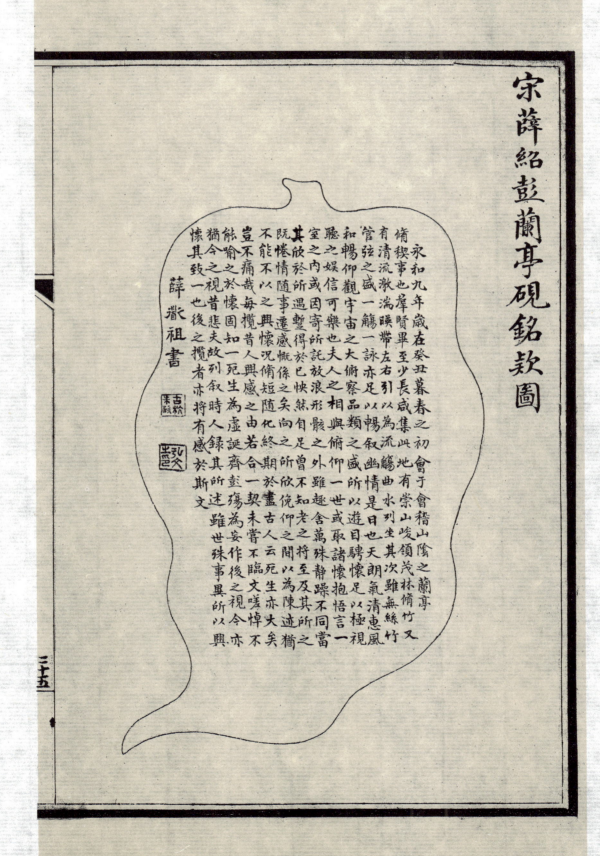

宋薛紹彭蘭亭硯側面圖

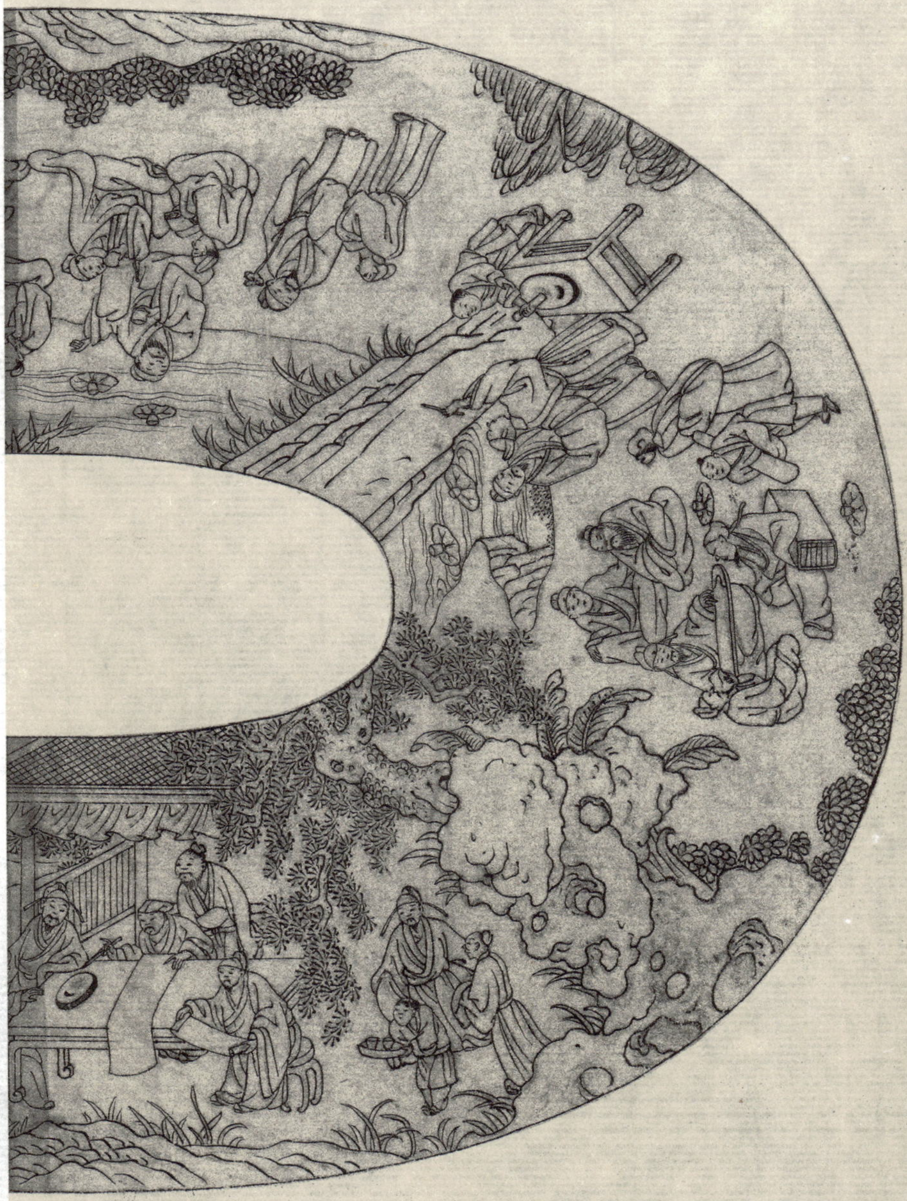

二十四

宋薛紹彭蘭亭硯正面圖

繪圖十分之五

御製題宋中岳外史端石硯

拜命曾吟中岳詩或因外史自稱之臨池欲試還應恧那似顛翁用筆奇

明王肯堂所刻鬱岡齋法帖載芾天馬賦末署款

曰中岳外史米元章致爽軒書蓋芾自號也匣蓋

鐫

御題詩與硯背同並隸書鈐寶二曰幾暇怡情曰得佳趣

二十一

宋中岳外史端石硯上方~~硯背~~側面圖

拜命曾吟中
岳詠或因外
史自稱必臨
池欲試還應
惡那侶顛翁
用筆奇
乾隆御題
會心不遠

二十

宋中岳外史端石硯正面圖 繪圖十分之九

御製題宋米芾螽斯瓜瓞硯

質貞潤復製精奇兩面胥堪受墨宜既盛既緜珎寶晉

周南大雅意兼斯

宋米芾鵞斯瓜瓞硯說

硯高六寸許上寬三寸九分下微斂厚約八分許下岩端石質細而潤兩面刻作瓜葉藤蔓縈繞葉間平坦為受墨處中有火捺紋隱隱如葉縷上方有活眼二葉下隱鵞斯一趯趯生動左上方葉間稍平處鐫

御題詩一首楷書鈐寶一曰太璞硯背綴瓜大小凡三瓜及旁大小眼凡四葉下方平坦處亦可受墨左

宋米芾瓜瓞硯正面圖

繪圖十分之八

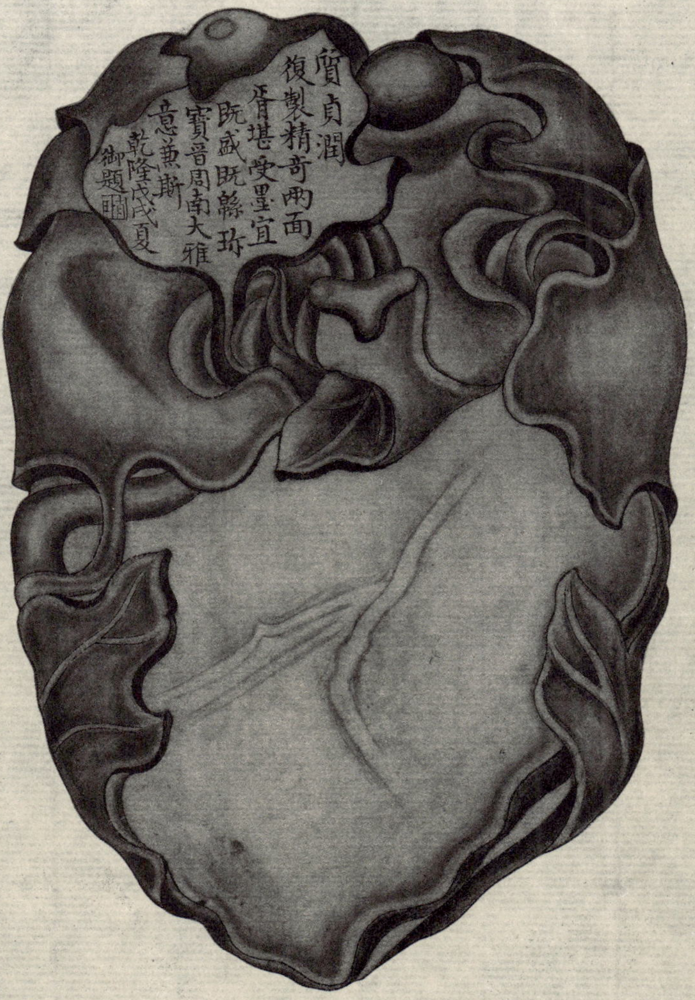

辟府虹光什襲護龍賓

臣劉墉詩　拂拭瓊瑤潤追尋翰墨腴事惟循

禊遠蹟似米顛摹舊

賞山莊秘新題

御藻敷右文昭

儉德撫器仰

鴻模

臣申甫詩　石蘊三巖秀鐫題趙宋年遙傳右

同袖石揮翰想流觴欵自宣和舊名因寶晋藏

至今涵

聖澤潛璞又

重光

臣周煌詩　古研留

琢館斯文勒永和崇山真並壽曲水向生波

聖有臨池賞亭猶

灑翰過

十四

御製題宋米芾蘭亭硯

物殊顯晦各有時晦藏顯出誰使其穆然宋硯古色披
猶是老坑出端溪蘭亭圖畫前序辭精鐫四面筆法奇
宣和紹興璽識遺後有米芾小印施或即顛翁手所為
山莊散置今見之是誠寶也適珣琪康熙舊冊還可稽
綈几曾用供
臨池弗愛彝鼎惟愛斯崇文竝與示儉垂生敬生愧心
自知

御用我
皇上法
祖繩
武游藝入神
家法敬承超唐軼晉即一硯而崇文示儉之旨三致意焉
臣等捧觀敬誦不特為斯石慶遭逢矣硯匣鐫
御題詩與硯同鈐寶二曰會心不遠曰德充符側面週
鐫臣于敏中臣梁國治臣周煌臣嵩貴臣劉墉臣

宋米芾蘭亭硯說

硯高八寸寬五寸四分厚三寸一分宋老坑端石墨池深九分墨鏽深透硯面四圍刻臥蠶文左側連上方側面刻蘭亭脩禊圖右側連下方側面通鐫米芾臨蘭亭序引首有雙龍圓璽一後有宣和二字長方璽一紹興二字連方璽二末有米芾二字長印一硯背四圍俱有缺剝覆手深一寸二分上方亦有剝蝕痕下方鐫

宋米芾蘭亭硯下方側面圖

亦由今之視昔　悲夫故列
敘時人錄其所述雖世殊事
異所以興懷其致一也後之攬
者亦將有感於斯文

宋米芾蘭亭硯右側面圖

永和九年歲在癸丑暮春之初會
于會稽山陰之蘭亭脩稧事
也羣賢畢至少長咸集此地
有崇山峻領茂林脩竹又有清
流激湍暎帶左右引以為流觴
曲水列坐其次雖無絲竹管弦
之盛一觴一詠亦足以暢敘幽情
是日也天朗氣清惠風和暢仰
觀宇宙之大俯察品類之盛
所以遊目騁懷足以極視聽之
娛信可樂也夫人之相與俯仰

宋米芾蘭亭硯左方側面圖

八

宋米芾蘭亭硯上方側面圖

宋米芾蘭亭硯正面圖 繪圖十分之七

注不寫

御製米芾遠岫奇峯硯歌

兩山左右賓主分天然景無斧鑿痕遠岫奇峯足辨文面刻天然遠岫奇峯可泉等字下有可泉際渚濆寶晉松雪齋中賓背刻寶晉齋米芾傍刻子昂蔵字盖皆經珍用賁古盖出宋䕶村不知何時入暢春所司舊物呈覽陳為之刮垢拂翳塵綈几光耀席上珍冊載棄置嗟沉淪一時喜逢如故人宗儀硯山空嶙峋陶宗儀輟耕錄載有硯山圖諸峯嶙峋極為矜詡而適用則不及此也適用真過琅玕珣鑿子别有戒心存賢材寧無似此云

五

御題七言古詩一首鈐寶二曰太璞左峰上方側面鐫

御題七言絕句詩一首鈐寶二曰古香左峰左側面鐫

御題七言律詩一首鈐寶二曰太璞並隸書硯背天然

皴皺有黃鶴山樵筆意橫鐫寶晉齋三字篆書左

鐫米芾二字行書蓋是硯為米芾所製又為趙孟

頫寶藏流傳六百餘年復邀

睿賞希世之珍洵有神物呵護之不為風雨所剝蝕耳

硯匣蓋裏鐫

宋米芾遠岫奇峰硯左峰上方側面圖

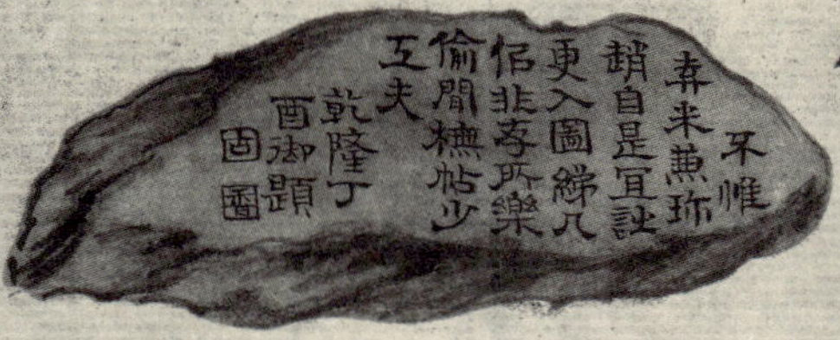

左峰左側面圖

宋米芾遠岫奇峰硯背面圖

按心照原本寫
流水亦照原本
寫於下面

宋米芾遠岫奇峰硯正面圖

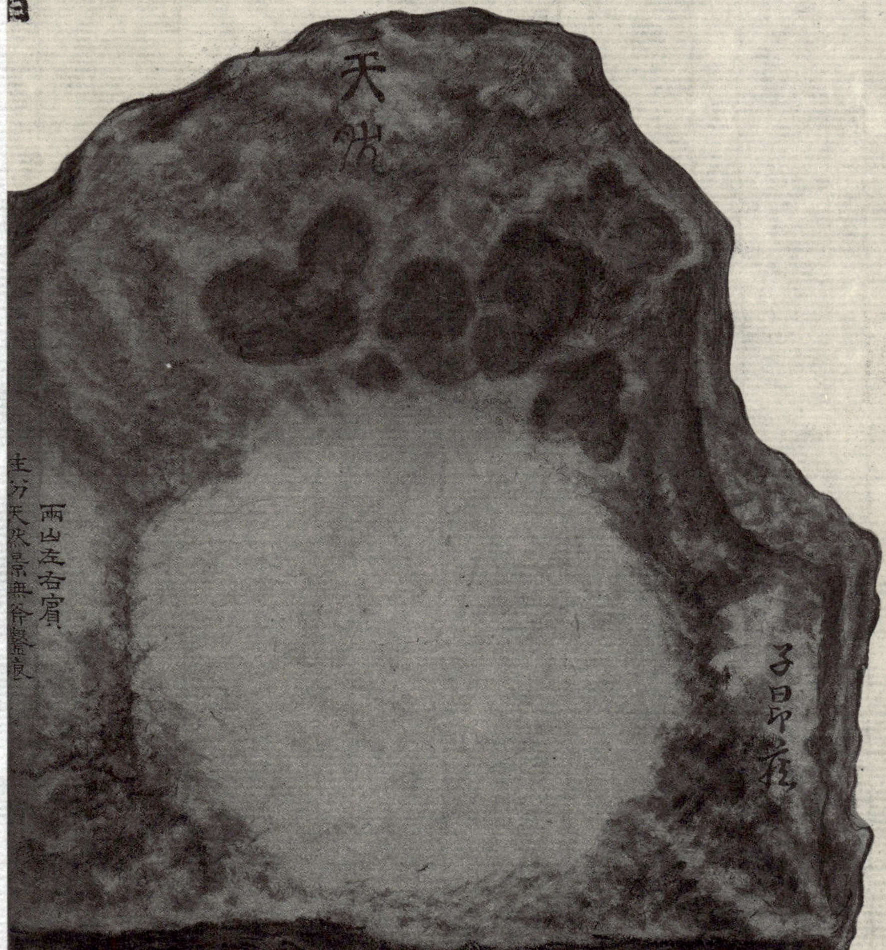

寫於

欽定西清硯譜目錄

第九冊

石之屬

宋米芾遠岫奇峰硯 養性殿

宋米芾蘭亭硯 熱河

宋米芾螽斯瓜瓞硯

宋中岳外史端石硯 浴德殿

宋薛紹彭蘭亭硯 延春閣

欽定西清硯譜

寫於

第九册

國家圖書館
特藏珍品

乾隆御製稿本 西清硯譜

［第九册—第十册］

上海書畫出版社